だいたい1ステップか2ステップ!

なのに本格インドカレー

南インド料理専門店
エリックサウス
稲田俊輔

柴田書店

長すぎる前書き

── インドカレーなんて簡単です ──

インドカレーなんて簡単です。うん、まずはあえてそう言い切ってしまいましょう。

前作にあたる『南インド料理店総料理長が教えるだいたい15分！本格インドカレー』に引き続き、本作にも「インドカレーってこんなに簡単だったのか！」と誰もが驚くこと間違いなしのレシピをこれでもかと満載しました。

その前作と本作の一番大きな違いは、カレーのバリエーションの幅広さでしょうか。前作では、日本人が「カレー」としてまず思い浮かべるイメージの中心にあるであろう「とろとろと濃度のあるカレー」を中心に編纂しました。今回はそれに加えて、よりスープ状に近い「さらさらカレー」や、その逆で汁気の少ない「ごろごろカレー」のレシピを増やして、より多彩なインドカレーの世界をご紹介しています。

さらさらカレーは、インドでは高級レストランで出されることのない、もっとずっと庶民的なカレーの定番。さらっとして汁気が多いのは、クラシックな南インドカレーの特徴のひとつであり、同時に、日本人が大好きなスープカレーやスパイスカレーにも通じるものがあります。スパイスの香り立《だ》ちがよりビビッドに感じられ、ライスにかければそれこそさらさらと軽快に食べ進められるのが魅力です。

ごろごろカレーはインドで「ドライタイプ／セミドライタイプのカレー」と呼ばれるものにあたります。その濃密な味わいと食べごたえは、ライスに乗っけるカレーとしてだけでなく、おつまみやおかずの一品としても楽しめる食卓の花形です。

そして、前作とのもうひとつの違いは、前作よりさらに工程を減らし、だいたい1～2ステップでつくれる、より簡単なレシピが増えていることです。「バリエーションが増えたのに、さらに簡単ってどういうこと?!」と思われるかもしれませんが、それはつくってみてのお楽しみ。とりあえず「さらさらカレー」と「ごろごろカレー」をどれか一品ずつつくってみると「なるほどインドカレーは簡単ってそういうことだったのか！」と即座に納得していただけると思います。

どのレシピも時短、かつ簡単ですので、時には「さらさら」「ごろごろ」2タイプのカレーを同時に1品ずつつくって食卓に並べるのもオススメです。電子レンジでバスマティライスを炊く方法もご紹介しているので、カレーをつくりながら電子レンジ調理でライスを準備することも可能。さらに本書では、カレーだけでなくこれまた簡単かつつくりおきもできる前菜やサイドディッシュも満載。忙しい日でもあっという間にスパイス料理のフルコースだって楽しめちゃいます。

そう、そして「スパイス料理のフルコース」というのは本書のもうひとつの裏テーマにもつながるのです。その裏テーマとは、「飲める人も飲めない人も、Let's！スパイス飲み！」というもの。私自身はお酒が好きで、またこのテーマの言い出しっぺでもある柴田書店の編集者井上美希氏や、本書の調理アシスタントをつとめたエリックサウス平田健吾もそれに輪をかけて（？）お酒好き。時短＆簡単に実現可能なスパイス料理フルコースを、グラス片手に楽しむ光景を想像してうっとりしながら、本書の撮影は進みました。

でも、この楽しみを酒飲みだけが独占するなんてあまりにももったいない！ アルコールであろうがあるまいが、お気に入りの飲みものと一緒にゆっくりゆったり食事を楽しむのは人生最大の喜びのひとつだと確信しています（最終章ではそんな時にぴったりの、スパイス料理によく合うノンアルコールドリンクのレシピも紹介しています）。

本書は世の中にあまたある「時短料理本」の中の一冊という側面もあります。しかし同時に、「時短とは単なる時間の節約にはとどまらない」というのがこの裏テーマに込めたメッセージでもあります。

なぜなら、作業のストレスとムダな時間を極限まで削ぎ落し、より早く、より簡単に食事を用意することができれば、気持ちの余裕と浮いた時間が生じます。それらを存分に使い、ゆったりと食べて楽しむひと時は、きっともっと豊かな時間になる。そして、それは人生における幸福の総量を確実に増大する。これは私の信念であり、この本を通じて読者の皆さまにお伝えしたいことの真髄なのです。

そうそう。最後にひとつだけ大切なお願いを。本書のレシピの持つポテンシャルを最大限に引き出すためには、材料と仕上がり重量をきちんと計量することが大切です。野菜の切り方はざっくり適当で結構ですが、計量だけはぜひきっちりと。そして、余った半端な材料は「冷蔵庫一掃ココナッツカレー」（P.28）にご活用ください。

それでは皆さま、これより幸せのインドカレーワールドへ、いざ！

稲田俊輔

4章　帰ってきた！ 休日番外編

5章　スパイス料理にぴったり！　ドリンク&スイーツ

撮影／よねくら りょう
デザイン／岡本洋平（岡本デザイン室）
調理助手／平田健吾（円相フードサービス）
協力／小畑雪奈・船橋 友・周藤 塁・三玉俊嗣・荒木雄登
（円相フードサービス）
編集／井上美希（柴田書店）

この本の全体像

～極限の時短＆簡単ととびきりのおいしさが
両立する日常のために～

本格南インド料理レシピ、
ドリンク＆スイーツものってるよ！

●だいたい1《ワン》～2《ツー》ステップカレー！

1 だいたいステップ

1.全部一緒に煮る！

2 だいたいステップ

1.炒める！

2.煮る！

前著『南インド料理店総料理長が教える だいたい15分！本格インドカレー』では、「基本のマサラ」というベースを仕込み、それを使ってつくる“だいたい15分”以内でできるカレーを主にご紹介しました。

本書ではさらに手順を省き、カレーづくりの工程を1ステップか2ステップのみになるようレシピを考案しました。もちろん、調理時間は前著同様にだいたい15分以内。手順は省いても、本格的なおいしさをお約束するレシピのみを集めています！

●ミックススパイス２種で！

シンプルパウダー（P.8）

ガラムマサラ(P.10)

この本で主に使うスパイスは、スパイス４種を同じ割合でミックスするシンプルパウダー、そして、ガラムマサラです。この２種が基本となっています。

シンプルパウダーに使うスパイスはどれも、たいていのスーパーで手に入るとてもベーシックなもの。また、ガラムマサラは推奨の市販品のほか、とびきりの自家製レシピもご紹介します。

この本のカレーや料理のほとんどは、この２種のミックススパイスをメインにして、パプリカパウダー、ブラックペッパーパウダー、シンプルパウダーに使うスパイス、S&B赤缶のうち１ ～ ２種を足してつくることができます。

●電子レンジを駆使！

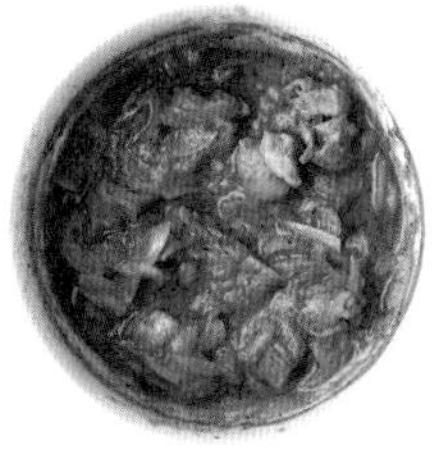

レンチンカレー

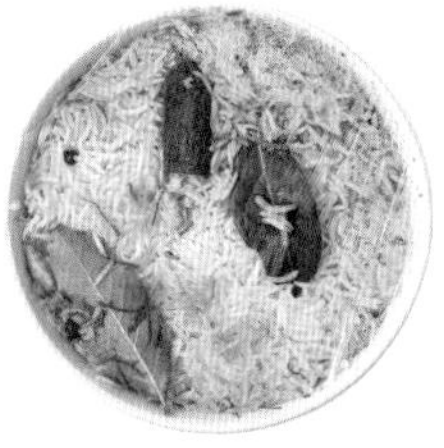

レンチンビリヤニ

レンチンライス

水分の蒸発がほとんどなく、少ない水分量でも食材に熱が均一に入りやすい電子レンジ調理は、カレーやライスの調理でもその威力を発揮します。油脂とスパイスが少ないものはジップロックコンテナが便利。そうでないものは陶器の丼を使用します。

●つくおきおかず&つまみ!

万能マリネベース

水アチャール

万能キーマベース

つくおき保存食

スパイスをカレーのみに使うなんてもったいない！いまインド料理通の間で流行っている「スパイス飲み」。おかずをいろいろ並べてゆっくりと時間をかけて食事を楽しみたいとき、お酒を飲みながらじっくりつまみたい夜、そんなときにもスパイス料理は実はぴったり。素材をちょっとプラスするだけで無限に展開できるつくりおきベースとその使い方をご紹介します。飲む人も飲まない人もLet's スパイス飲み！

ミックス
スパイス
その **1**

可能性は無限大！

シンプルパウダー

本書ではほとんどのカレーや料理にこのミックススパイスを使います。つくり方はいたって簡単！ ４種のパウダースパイスを同じg数ずつ混ぜ合わせるだけです。

この４種はあらゆるインド料理の骨格となるスパイス。全て同量ずつ合わせておくのが最も汎用性の高いバランスです。ちなみに、コリアンダーパウダーを増やすとカレーに適度なとろみがつきやすくなります。が、本書に収録したのは「さらさらカレー」「ごろごろカレー」という、とろみにさほどこだわる必要のないカレーが中心。よって、あえてこのシンプルな配合のミックススパイスを基本としました。シンプルなだけに、逆に無限にバリエーションが展開可能なのです。

●同じ割合で合わせるだけ！

クミン　　ターメリック

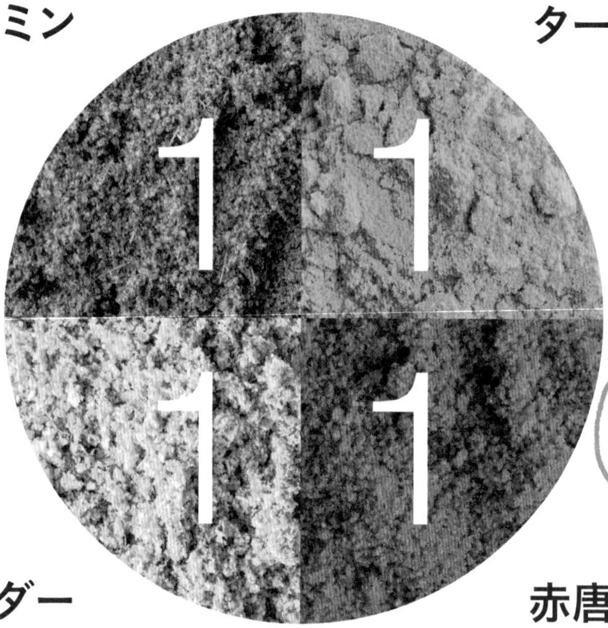

コリアンダー　　赤唐辛子

辛みの強いカイエンペッパーと
辛みのないパプリカパウダーを
組み合わせて、お好みの辛さに！
（右ページ参照）

●辛さはお好みで！

辛いものが苦手な方や小さなお子さんがいらっしゃるご家庭では、分量の赤唐辛子の一部をパプリカパウダーに置きかえてつくってみてください。辛いのがお好きな方はぜひ全量をカイエンペッパーパウダーで！

パプリカパウダーは代わりにパウダー状の韓国赤唐辛子を使ってもOK！ カイエンペッパーはチリペッパーという名称で販売されていることもあります。しかし、ニンニクやオレガノなどが配合されたミックススパイスの“チリパウダー”は名前は似ていても味わいが全く異なりますのでお間違えのなきよう！

辛い！

全量をカイエンペッパーに

ほどよい辛さ

半量をパプリカに

辛さひかえめ！

パプリカをメインにし、
少量をカイエンペッパーに

辛みゼロ！

全量をパプリカに

●「基本のミックススパイス」にもできる！

シリーズ第１弾『南インド料理店総料理長が教える だいたい15分！本格インドカレー』で「基本のマサラ」をつくるのに使った「基本のミックススパイス」は、コリアンダー５に対して、他のスパイスが１の割合でした。ということは、シンプルパウダーとコリアンダーパウダーを同じ割合で合わせれば基本のミックススパイスになるわけです。

前著をお持ちの方は、基本のミックススパイスではなくシンプルパウダーを常備していただき、たとえば基本のミックススパイスを8g使用する場合には半量の4gをシンプルパウダーに、残り半量の4gをコリアンダーパウダーにおきかえて使うという風にしていただくと、２冊のレシピを１つのミックスパウダーでつくることができます。

1:1

シンプルパウダー　　**コリアンダーパウダー**

ミックススパイスその2

本格感が一気にアップ!

ガラムマサラ

パウダーをミックス!

●自家製ガラムマサラ

シンプルな配合ですが、一般的なものよりもカルダモンとブラックペッパーの割合が多めです。なおかつ、ミックスして自家製することでそれぞれのスパイスの個性がフレッシュなまま生かされるため、ミックスされてから時間のたった市販のガラムマサラよりもぐっと爽快かつシャープな風味になります。材料のパウダースパイスを混ぜ合わせたら、瓶に密閉保存してください。

材料(つくりやすい分量)
ブラックペッパーパウダー…8g
クミンパウダー…8g
コリアンダーパウダー…8g
カルダモンパウダー…8g
クローブパウダー…4g
シナモンパウダー…4g

この2つがおススメ!

●市販のガラムマサラ

S&Bロイヤルマサラ

マスコットガラムマサラ

前著でも強く推奨したS&Bロイヤルマサラは名前にガラムマサラとついてこそいませんが、理想的なガラムマサラ。カルダモンと黒コショウを軸とした爽やかで香り高いブレンドで、本格的でありながら日本人好みのいかにもスパイシーカレーらしい風味に仕上がります。スーパーではあまり見かけませんがネットで購入できます。

マスコットのガラムマサラは甘い香りでやや重厚。風味は異なるのですがS&Bのものより入手しやすい市販品としてはオススメです。

ホールから挽く！

●本格自家製ガラムマサラ

　パウダースパイスを混ぜ合わせてつくる自家製ガラムマサラと同じ配合ですが、フレッシュ感も風味の奥行き感も段違い！

　特に決め手となるカルダモンの爽快さはパウダーとは別物です。炒って粉砕するという手間は余分にかかりますが、一度これを知るともう元には戻れません……。

　ミルミキサーの性能によっては少し粗めの粒やカルダモンの殻が残るかもしれませんが、カレーに仕上がった時点ではほとんど気にならないはずです。

材料（つくりやすい分量）
ブラックペッパーホール…8g
クミンシード…8g
コリアンダーシード…8g
カルダモンホール…8g
クローブホール…4g
シナモンスティック…4g

ミルミキサー

ミルミキサーに関しては基本的に「大は小を兼ねる」ということで、なるべく大容量でパワーのあるものを入手することをオススメします。

1. ホールスパイスをすべてフライパンに入れて火にかけ、軽く煎って乾かす。

2. ふわっと香りが立ってきたらすぐに火からおろして冷ます。

3. 完全に冷めたら、ミルミキサーに移す。

4. ミルミキサーでパウダー状になるまで挽く。

極限の！

時短＆簡単を実現する

5つのコツ

その1 玉ネギはケララ切り！

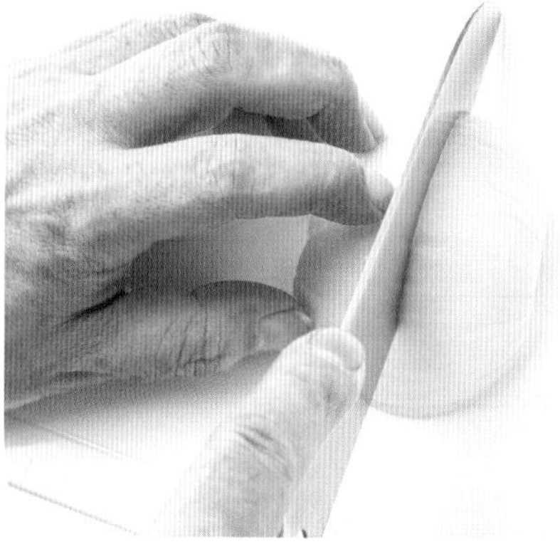

1．横半分に切る

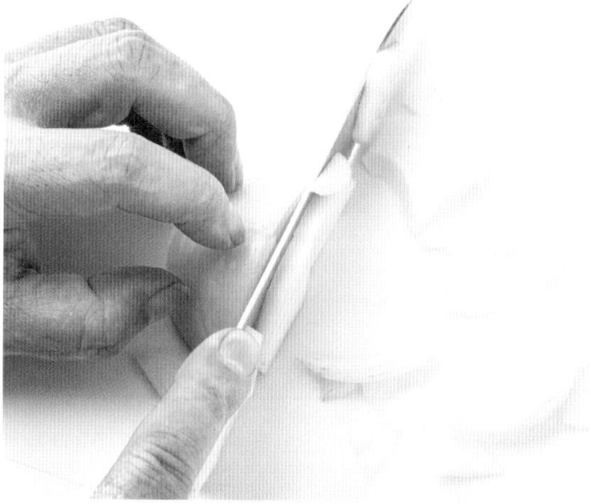

2．向きを変えてスライスする

本書でもっともよく使うのがこのケララ切りという切り方。簡単で効率もよく、インド全土でよく見られる切り方です。特に南インド・ケララ地方の料理には高い頻度で用いられていることから、日本におけるインド料理研究の泰斗のお一人、香取薫先生がかつて「ケララ切り」と命名されました。日本の調理用語にはそのものズバリの言葉が無いため、本書でもこの名称を使わせていただきます。

みじん切りにする場合は前著でもご紹介した「玉ネギのみじん切りは粗くていい！」の切り方で。半分に切った玉ネギにざっくりと１～２cm間隔で切り込みを入れ、端からスライスするだけです。大きさはバラバラでOK！むしろ、バラバラなほうがほどよい質感がでていいです。きざんだ玉ネギは余ったら冷凍保存可。

◎粗みじん切り

大きさ
バラバラで
OK!

その2
フライパンで計量する！

油を温めてから素材を炒めないといけないと思っていませんか？ そんなことないんです！

この本では、まずフライパンや鍋をハカリにのせ、直接材料を計ってから火にかけるという手順をとっています。加熱中に材料を追加するときはハカリに鍋敷きをのせて熱いフライパンを置き、追加の材料を計量します。計量のためにボウルを出したり洗ったりする手間を省いて、極限までストレスフリーに！

加熱中は鍋敷き必須！

その3
フライパンで混ぜる！

材料を混ぜてから煮たり炒めたりする場合も、フライパンで直接すればOK！ しっかり混ざってから火にかけます。これもまた、ボウルを出したり洗ったりする手間を省くためのポイントです。

その4
ニンニクはつぶしてきざむ！

1.

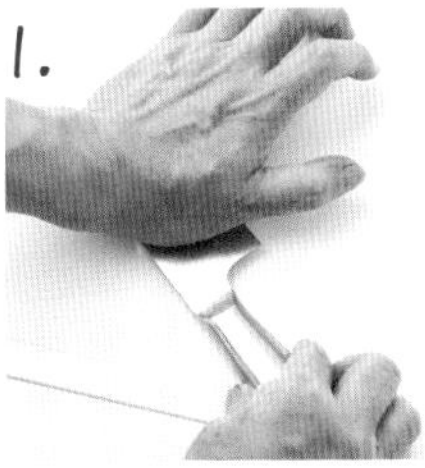

2.

3.

4.

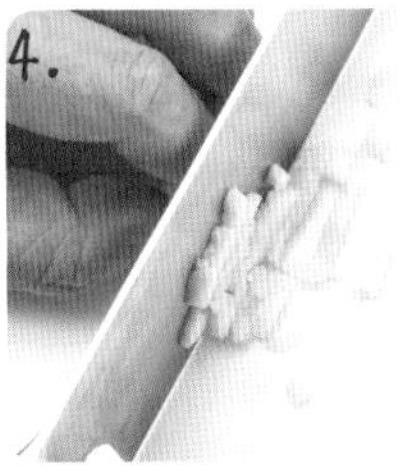

ニンニクの皮むきは地味に面倒な作業。ですが、根元を切り落とし、包丁の腹でしっかりつぶせば簡単に皮むきできます。皮をむいたら、あとは端からきざむだけ。

その5
すりおろしはチューブでOK！

ニンニクとショウガのすりおろしはチューブを使っても充分においしくつくれます。時間に余裕のある場合は、もちろん生をすりおろして使ってもよいです。

本書を読む前に

カレーの仕上がりを大きく左右するのがカレーの濃度、すなわち調理中にどれだけ水分が蒸発するか、です。蒸発量は火力や鍋・フタの形状によって変わります。そこで、本書では仕上がり重量の目安を記載しています。大幅にオーバーしていれば煮詰め、少なければ水を足して沸かしなおしていただくと、よりレシピに忠実な味わいを再現できます。

フライパンは直径20cm、鍋は直径14.5cm・高さ7cm・容量1Lのものを使っています。カレーの仕上がり重量（上記）は、総重量からフライパンや鍋の重さを引いて算出します。調理前に鍋・フライパンの重さを計ってメモしておきましょう。
また、レンチンライスに使うジップロックコンテナは正方形1100ml、レンチンカレーに使う丼は容量900ml以上のものを用意して下さい。

この本では分量をすべてg（グラム）で表記しています。P.13でご説明している通り、計量方法をシンプルにし、計量に使う器やさじを洗う手間を省くためと、レシピの再現性を高めるためです。デジタルスケールをお持ちでない方はぜひこの機会にご入手ください。本書のレシピのほとんどはフライパンと材料の合計重量がぎりぎり1kgにおさまりますが、これからハカリを購入するのであれば、余裕を持って2kgまで計れるものをオススメします。

材料について

・バターは有塩を使います。
・トマト水煮はあらごしタイプ（濃縮でないもの）を使います。
・レモンはものによって酸味の強さがちがうため、分量はあくまで目安です。味をみて調整してください。瓶入りのレモン果汁を使ってもよいです。
・カレーリーフはカレーの風味のある葉で、南インド料理によく使われます。日本ではフレッシュはほとんど流通しておらず、冷凍が入手可。乾燥は風味が異なるので使いません。
・タカノツメは調理バサミで縦半分に切ると、簡単に種を抜くことができます。

冷凍保存について

・トマト水煮、ココナッツミルクは余ったら冷凍保存しましょう。ジップ袋に入れて平らにして冷凍すると、使う分だけパキパキ割って取り出せるので便利です。
・香菜の茎も冷凍保存できます。葉はフレッシュのまま使い、茎は根がついたままラップに包むかジップ袋に入れて冷凍します。シシトウはまるごと冷凍可。いずれも使うときに凍ったままきざんでください。

その他

・できあがりの分量は特に記載がなければ約2人分です。
・温度、時間、火加減はあくまで目安。厨房環境に応じて調整してください。
・煮込むときは適宜、水を補いながら煮てください。

だいたい1《ワン》〜2《ツー》ステップ！

さらさらカレー
&
ごろごろカレー

とびきり簡単でとびきりおいしい！
どれも手順は1ステップか2ステップ！
つまみにもおかずにもぴったりの
具がごろごろ入ったドライタイプのごろごろカレーと、
お茶漬け感覚でさらりと食べられる
さらさらカレーをご紹介します。

さらさら
カレー

世界一簡単なチキンカレー

単に簡単なだけではありません。
スパイスで素材の旨みを引き出す
インドカレーの魅力を、ミニマルに
凝縮したレシピです。一生飽きのこない
ベーシックな味わいを
いつでもお気軽に！

材料

A

- **カット鶏モモ肉**…240g
- **玉ネギ**（ケララ切り・P.12）…120g
- **おろしニンニク**…5g
- **おろしショウガ**…5g
- **塩**…5g
- **シンプルパウダー**（P.8）…4g
- **ガラムマサラ**（P.10）… 2g
- **サラダ油**…15g

トマト（ひと口大に切る）…80g
水…100g

2 だいたいステップ

1. Aを中火で炒める。

Aの材料をフライパンで直接計量し、火にかけます（P.13）。肉の色が変わるまで炒めてください。

2. トマトと水を加えて沸かし フタして弱火で10分！

トマトと水を加えたら混ぜながらそのまま中火で熱します。沸いたらフタをして弱火で10分。あっという間に世界一簡単な本格チキンカレーのできあがりです！

仕上がり目安は
500g

ミニマルレシピは、
実はバリエーション無限

世界一簡単なチキンカレーをちょっとアレンジ！

シンプルな中に基本が詰まったこのカレー、
自分好みにアレンジ自在なその自由度も魅力です！

少し煮詰めて、濃厚カレーに！

さらさらカレーができたらフタを取り、さらに約5分煮詰めると、こってりとしたカレーに。おススメの煮詰め加減になる仕上がり分量は400gですが、お好みで調整してください。ただし、火を消してからも水分がとんでさらに濃くなるので、狙う濃度の少し手前で止めるのがコツ。好みの仕上がり重量を記録しておけば、いつでもブレのない自分仕様の濃厚さに！

薬味のトッピングで見た目も味もアガる！

細かくきざんだ香菜とせん切りにしたショウガはインドカレーの定番トッピング。シンプルなアレンジながら、インド料理らしさがぐっと高まります。

「本格自家製ガラムマサラ」を強く推奨します！

材料のガラムマサラですが、挑戦できる方はぜひともホールスパイスから挽く「本格自家製ガラムマサラ」(P.11)を使ってみてください！材料がシンプルなだけに、その差は歴然。お店顔負けの香り豊かなカレーが楽しめます。お好みで仕上がり間際に、さらに1〜2g「追いガラムマサラ」を加えても。

水をココナツミルクに置きかえて、コクをプラス！

鶏肉を炒め終えた後に加える水100gを、ココナッツミルク100gに置きかえてみてください。まろやかなコクとエキゾチックな風味が加わります。おススメのアレンジです！

辛さ増しにはカイエンペッパー

辛いもの好きの方はシンプルパウダーとガラムマサラに加えて、カイエンペッパーも1g入れてみてください。さらにブラックペッパーも1g加えると、より奥行きのある辛さが楽しめます。

ひと手間かけて、生のニンニク＆ショウガで！

もちろんチューブのニンニク、ショウガを使ってつくっても大変おいしくつくれます。が、生をきざんだり、すりおろしたりするひと手間を加えることで、仕上がりが一気にグレードアップ！

塩の一部を顆粒スープに置きかえてうま味ブースト！

旨みやコクが増すだけでなく、老若男女食べる人を選ばない、わかりやすくストレートなおいしさが簡単につくりだせます。秘訣は置きかえる割合。詳しくはP.114をご覧ください。

さらさら
カレー

魔性のレモンバターチキンマサラ

バターが主役の官能的なバターチキンマサラです。
バターたっぷりにもかかわらず、レモンとヨーグルトの酸味で
爽やかにいただけてしまうという、恐ろしい魔性のレシピ。
パンにもご飯にも危険なほどよく合います。
歯ごたえのしっかりした鶏肉でつくると格別においしいので、
ここでは鶏せせり肉を使いました。

材料

A
- **鶏せせり肉**（またはモモ肉）…200g
- **おろしニンニク**…2g
- **おろしショウガ**…2g
- **レモン汁**…8g
- **シンプルパウダー**（P.8）…2g
- **ブラックペッパーパウダー**…1g
- **塩**…2g

バター…10g+40g

B
- **無糖ヨーグルト**…30g
- **レモンスライス**…2枚

2 だいたいステップ

1. Aの材料をフライパンに入れてもむ。

Aの材料をフライパンで直接計量し（P.13）、フライパンの中で調味料類を肉にもみ込みます。せせりが手に入らなければ、皮を取り除いたモモ肉を親指ほどの長さ・太さに切って使います。

2. バターを加えて炒め、Bを加える。

バター10gを加えて中火にかけ、鶏肉に火が通るまで炒めます。さらにバター40gを加え、だいたい溶けきるまで鍋をゆすりながら加熱してください。仕上げに**B**を加え混ぜたらできあがり！

仕上がり目安は
240g

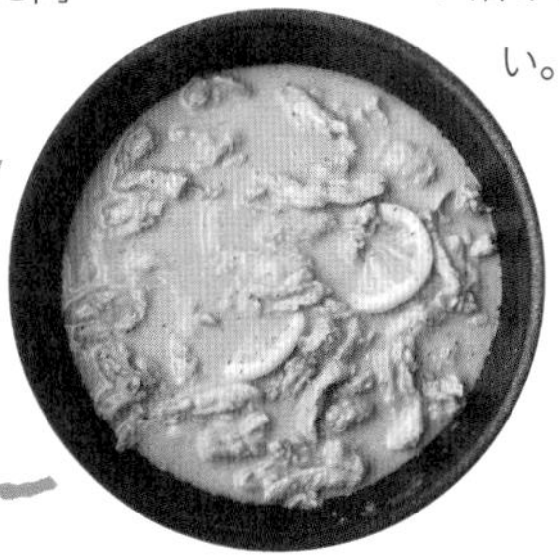

さらさら
カレー

鯖缶トマトカレー

水を加えずトマトの水分で煮込む鯖缶カレーです。
トマトのさわやかな酸味と鯖缶の濃厚なうま味が
鍋の中で溶け合います。トマトが鯖缶の味わいを
軽やかにしてくれて、さらりと食べられるやさしい味わい。

材料

ニンニク（スライス）…5g
ショウガ（スライス）…5g
玉ネギ（ケララ切り・P.12）…60g
塩…3g
シンプルパウダー（P.8）…4g
S&B赤缶…2g
トマト（ひと口大に切る）…240g
鯖缶…1缶（190g）
オリーブオイル…20g

1 だいたいステップ

1. 材料表の順に鍋に入れ、弱火で10分！

材料を上から順に計量しながら重ね入れてフタをし、弱火で10分煮る。本当にただそれだけでおいしいカレーができてしまいます。途中で火加減を調整する必要もない、めちゃくちゃ簡単レシピ！

Point

材料は必ず上記の材料表の順番通りに入れてください。おいしくつくるための唯一にして最大のポイントです。

仕上がり目安は
500g

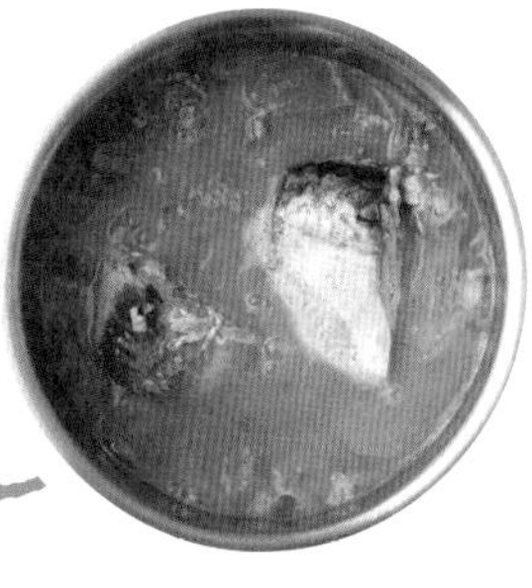

さらさら
カレー

チキンと彩り野菜のココナッツカレー

ケララ地方で「チキン・イストゥ」と呼ばれる
ココナツ煮込みをもとに編み出した
ワンステップカレー。ホールスパイスを
入れるとより本格的な味わいに。

材料

カット鶏モモ肉…150g
野菜（ナス、オクラ、パプリカなどを食べやすい大きさに切る）…合わせて100g
トマト（角切り）…40g
ニンニク（スライス）…5g
ショウガ（スライス）…5g
ココナッツミルク…200g
シンプルパウダー（P.8）…3g
ガラムマサラ（P.10）…2g
塩…5g

1 ステップカレー

1. 混ぜて沸かし、フタして弱火で10分!

鍋をハカリにのせて、すべての材料を計量しながら鍋に入れていきます。混ぜながら中火にかけ、いったん沸かしてから、フタをして弱火で10分煮ればできあがり!

Point

より本格的な味わいをもとめるのであれば、ローリエ２枚、クローブホール２粒、シナモン１かけ、カレーリーフひとつまみも入れて煮てみてください。

仕上がり目安は
480g

さらさら
カレー

チキンラッサム

南インドのスパイシーなスープ「ラッサム」に
チキンが加わった、スープカレー風の一品です。
酸味と辛みの効いた鮮烈な味わいで、
トマトの旨みと肉の食べごたえがたまりません。
このカレーがなんと1ステップで！
最後にテンパリングのひと手間をプラスすると
より本格的な味わいに。

材料

カット鶏モモ肉…160g
トマトジュース（無塩）…200g
シンプルパウダー（P.8）…4g
ブラックペッパーパウダー
…4g
ニンニク（粗みじん切り・P.13）
…15g
香菜（きざむ）…10g
塩…5g
水…150g

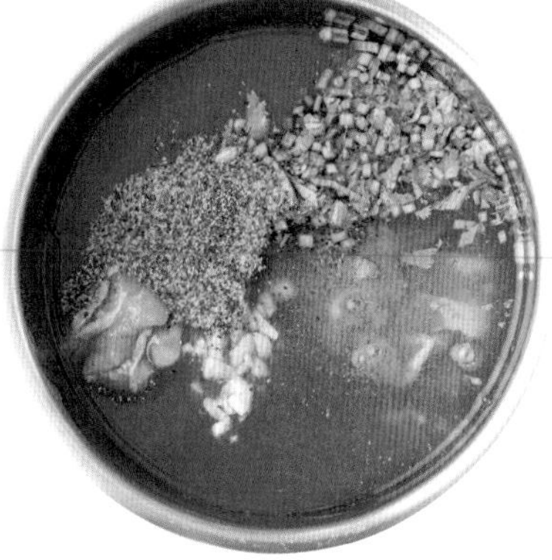

1 だいたいステップ

1. 混ぜて沸かし、フタして弱火で10分!

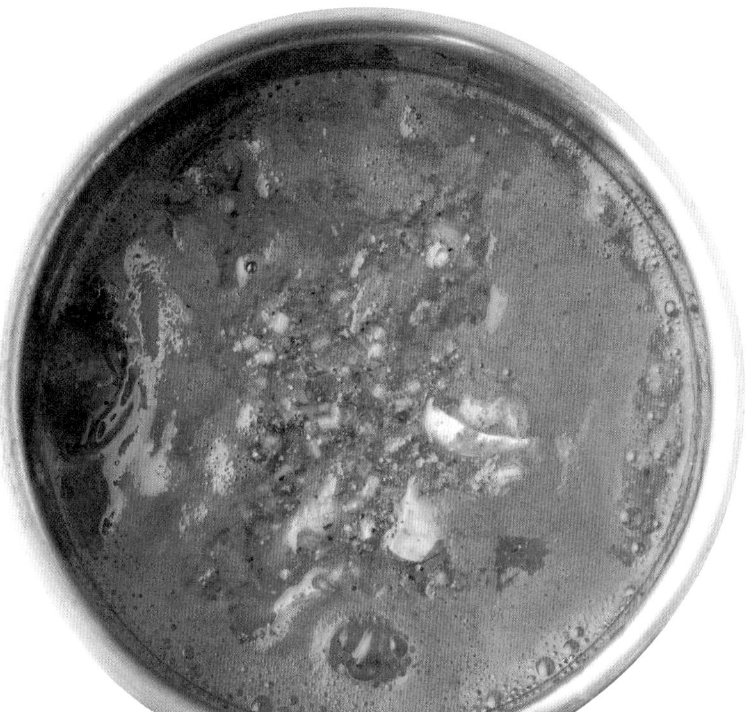

材料をフライパンで直接計量し（P.13）、中火にかけます。沸いたら、フタをして弱火で10分煮込むだけで、あっという間に完成!

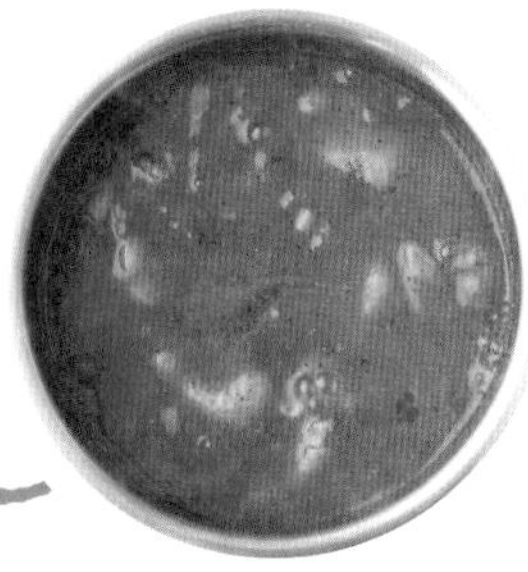

仕上がり目安は
480g

ステップアップ!

下記をテンパリングして（P.88～89）仕上がりに加えると、より本格的な仕上がりに!

サラダ油…10g
マスタードシード…2g
カレーリーフ（あれば）
…ひとつまみ
玉ネギ（粗みじん切り・P.12）
…20g

さらさら カレー

冷蔵庫一掃ココナッツカレー

冷蔵庫の残りものをかき集めてつくるココナッツスープカレー。野菜や肉はもちろん、さつま揚げやスパム、ミートボールやソーセージ、ハムなど、材料は本当になんでも。トマトと玉ネギは少しでも入った方が味がまとまりやすいです。具材の量は400gまで増やせますが、増やした分だけ水の量を減らしてください。

材料

A

- **冷蔵庫の残りものなんでも**
  …合計300g
- **おろしニンニク**…5g
- **おろしショウガ**…5g
- **シンプルパウダー**（P.8）
  …4g
- **ガラムマサラ**（P.10）…2g
- **サラダ油**…15g
- **塩**…5g

B

- **水**…100g
- **ココナッツミルク**…100g

2 だいたい ステップ

1. A（トマト以外）を中火で炒める。

Aの材料をフライパンで直接計量し（P.13）、中火にかけて肉の色が変わるまで炒めます。トマトを入れる場合は、ここでは加えずに、2.で**B**とともに加えてください。

2. B（あればトマトも）を加え、弱火でフタして煮る。

水とココナッツミルクを加え、沸いたらフタをして弱火で材料がやわらかくなるまで煮込むだけ！

仕上がり目安は
480g

Point

塩の一部を顆粒スープに置きかえるテクニック（P.114）でどんな材料の組み合わせでも味がより安定します。

殻付きアサリのラッサム

さらさら
カレー

アサリの旨みたっぷりの
スパイシーなスープカレー。
まずはアサリをおつまみとして食べて、
最後にスープをご飯にかけて
お茶漬け風にサラッと締める、
なんて楽しみ方も。

材料

A
- サラダ油…15g
- マスタードシード…2g
- 赤唐辛子…2本

ニンニク（粗みじん切り・P.13）…5g
水…150g
トマトジュース（無塩）…200g
アサリ…300g
シンプルパウダー（P.8）…4g
ブラックペッパーパウダー…4g
香菜（みじん切り）…5g
塩…4g

2 だいたいステップ

1. Aをテンパリングし、ニンニクと水を加える。

鍋にAを入れて火にかけます。マスタードシードが弾けたら、ニンニクを加えて火を止め、水を加えます。

2. 残りの材料をすべて加えて煮る。

残りの材料をすべて加えて火にかけます。アサリの口が開いたら完成。

ステップアップ！

あればフレッシュか冷凍のカレーリーフ（写真）をひとつまみ加えるとより本格的な味わいに。ニンニクと同時に加え、ひと呼吸おいてから水を加えてください。アサリは分量より多くても少なくても大丈夫。アサリ自体に塩分があるので、入れる量が変わっても調味料の量はこのままでOKです！

仕上がり目安は
600g

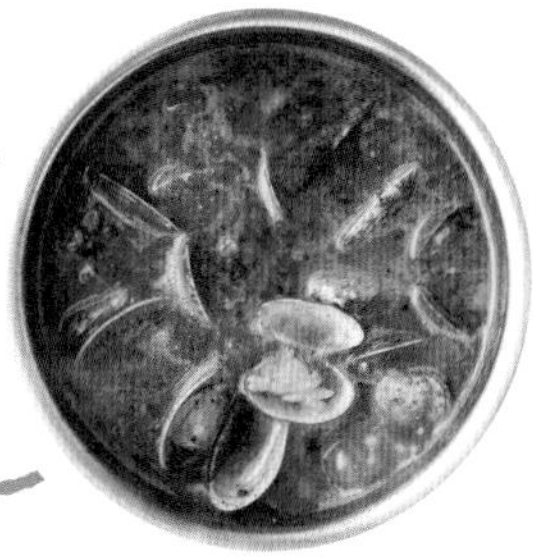

さらさら
カレー

チキンとオクラのマッパス

マッパスはケララ地方のココナッツカレー。
現地ではチキンかオクラかどちらかで
つくられるのが普通ですが、欲ばって両方使いました。
スパイシーさ、オクラのとろとろ感、ココナッツのコクと
まろやかさのバランスが楽しい、
簡単木格レシピです。

材料

A
- **カット鶏モモ肉**…200g
- **玉ネギ**(ケララ切り・P.12)…60g
- **おろしニンニク**…5g
- **おろしショウガ**…5g
- **シシトウ**(輪切り)…2本分(6g)
- **シンプルパウダー**(P.8)…4g
- **ガラムマサラ** (P.10)…2g
- **コリアンダーパウダー**…4g
- **サラダ油**…15g
- **塩**…5g

B
- **トマト**(くし形切り)…80g
- **オクラ**(2〜3つに切る)…40g
- **水**…80g

C
- **ココナッツミルク**…80g
- **ブラックペッパーパウダー**…2g
- **香菜**(きざむ)…5g

2 だいたいステップ

1. Aを炒める。

Aを鍋に直接入れて計量し(P.13)、そのまま中火にかけて肉の色が変わるまで炒めます。

2. Bを加えて弱火で10分! Cを加えて沸かす。

Bを加え、沸いたらフタをして弱火で10分煮込みます。**C**を加え、再度沸いたら完成です。

ステップアップ!

下記をテンパリングして(P.88〜89)仕上がりに加えると、より本格的な仕上がりに!

- サラダ油…10g
- マスタードシード…2g
- カレーリーフ(あれば)…ひとつまみ
- 玉ネギ(粗みじん切り・P.12)…20g

仕上がり目安は
480g

さらさらカレー

豚バラと里芋の和だしカレー

だしをきかせたカレーは[illegible]の味わい。
豚肉のコクが味わい深く、とろりとした里芋がしみじみおいしいです。里芋を使うので煮崩れも気にする必要もなし。
材料を炒めてから煮込むだけ、と肉じゃがより気楽につくれる和風カレーです。

材料

A

- **豚バラスライス肉**…150g
- **玉ネギ**（ケララ切り・P.12）…100g
- **おろしニンニク**…5g
- **おろしショウガ**…5g
- **シンプルパウダー**（P.8）…4g
- **S&B赤缶**…2g
- **サラダ油**…15g
- **塩**…5g

B

- **冷凍里芋**…100g
- **だしパック**…1袋
- **水**…200g

2 だいたいステップ

1. Aを中火で炒める。

材料を鍋で直接計量し（P.13）、中火にかけて肉の色が変わるまで炒めます。

2. Bを加えて沸かし、フタをして弱火で煮る。

里芋に火が通ったらできあがり！

Point

冷凍里芋は下ゆでいらずで大変便利、かつおいしくつくれてオススメです。下ゆで済みの冷蔵品も市販されているので、それを使っても。もちろん生のものを下ゆでして使ってもよいです。

仕上がり目安は
500g

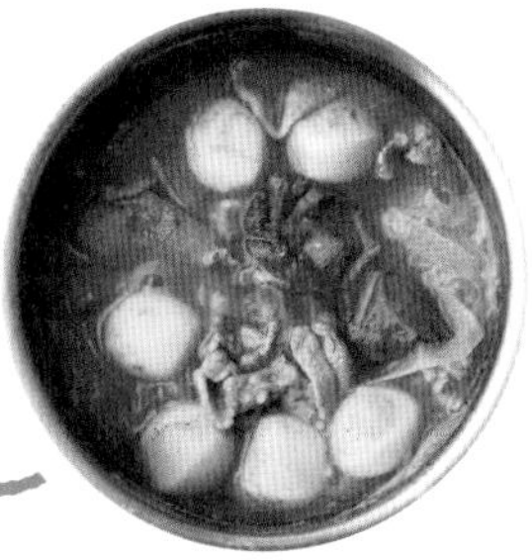

ごろごろ
カレー

スパムエッグブルジ

エッグブルジはインドの家庭でよく作られる
スクランブルエッグカレー。スパムを加える
アレンジで、オカズ力《りょく》をさらにアップしました。
ご飯にもお酒にもパンにも合います。
ここだけの話、スパムを省いた純インド仕様も
じゅうぶんおいしいのです。

材料

A
- **卵**…２個
- **トマト**（角切り）…40g
- **香菜**（みじん切り）…２g

スパム（角切り）…100g
玉ネギ（ケララ切り・P.12）…60g
シシトウ（輪切り）…２本分（6g）
おろしニンニク…２g
おろしショウガ…２g
シンプルパウダー（P.8）…２g
ガラムマサラ（P.10）… 少量（0.5g）
サラダ油…10g
塩…２g

2 だいたいステップ

1. Aを混ぜ合わせる。

卵を溶き、トマトと香菜を混ぜます。

2. 残りの材料を炒めて、1.を加える。

残りの材料をすべてをフライパンで計量し、中火で炒めます。玉ネギにだいたい火が通ったら1.を加えて、卵が好みのかたさになるまで炒めます。

Point

フライパンの手前半分でスパムの両面をじっくり焼きつつ、奥でそれ以外の材料を炒めるのがオススメ。スパムにこうばしい焼き色がつき、おいしさが増します！

ごろごろ
カレー

ハリヤリチキンマサラ

これでもか！ というくらいたっぷりの香菜で仕上げる
セミドライ（汁気少なめ）の濃厚チキンカレー。
レモンの酸味が味を引き締め、香菜の風味を押し上げます。
「ハリヤリ」は香菜やミントがたっぷりと入った料理の呼び名。
お好みでミントを加えればさらに風味豊かに。

材料

A

カット鶏モモ肉…240g
玉ネギ（ケララ切り・P.12）…60g
ニンニク（粗みじん切り・P.13）…6g
シシトウ（輪切り）…２本分（6g）
シンプルミックスパウダー
（P.8）…3g
ガラムマサラ（P.10）…2g
サラダ油…15g
塩…3g

水…50g

B

レモン汁…15g
香菜（きざむ）…30g
ミント（あれば。きざむ）
…5g

2 だいたいステップ

1. Aを中火で炒める。

Aの材料をフライパンで直接計量し（P.13）、中火にかけます。肉の色が変わるまで炒めてください。

2. 水を加えてフタして弱火で10分！ Bを加えて強火で1分！

水を加えたらフタをして弱火で10分煮ます。Bを加えたらフタはせず、強火で１分煮詰めます。とろみがついたらOK！

仕上がり目安は
300g

ごろごろカレー

ポークペッパーバルバル

「バルバル」は南インド・ケララスタイルのドライ(汁なし)カレー。黒胡椒をきかせたヤミツキになる味わいです。ケララ州にはキリスト教徒も多く暮らしており、こういった豚肉料理も日常的に食べられています。

材料

豚角切り肉（ロース、肩ロース、ヒレなど）…200g
玉ネギ（ケララ切り・P.12）…100g
シシトウ（輪切り）…２本分（6g）
ニンニク（粗みじん切り・P.13）…6g
シンプルパウダー（P.8）…3g
ガラムマサラ（P.10）…2g
ブラックペッパーパウダー…3g
サラダ油…15g
塩…3g
水…50g

2 だいたい ステップ

1. 水以外の材料を中火で炒める。

水以外の材料をフライパンで直接計量し（P.13）、中火にかけます。豚肉の部位はお好みで。肉の色が変わるまで炒めます。

2. 水を加え、フタして弱火で10分！ 強火で煮詰める。

弱火で10分煮込んだらフタを取り、強火にして仕上がり分量（300g）まで煮詰めます。煮詰めない場合は、肉の歯ごたえの残ったさらさらカレーになり、それはそれでおいしいです。

Point

お好みで、玉ネギスライス、せん切りショウガ、きざんだ香菜をトッピングし、レモンを絞りかけながら食べてください。

仕上がり目安は
300g

ごろごろ
カレー

小海老のジャルフレジ

香味野菜とゆでエビをスパイスとともに
さっと炒め合わせてつくるお手軽カレー。
おつまみやおかずとしても、ご飯にのっけても、
さっぱり、かつ旨みたっぷりの味わいが楽しめます。

材料

A

ピーマン（太めのせん切り）
…50g（約2個）
玉ネギ（ケララ切り・P.12）…60g
おろしニンニク… 6g
シンプルパウダー（P.8）…3g
コリアンダーパウダー…3g
クミンシード…1g
サラダ油…20g
塩…3g

B

ボイルむきエビ
（サラダシュリンプ）…120g
トマト水煮缶（あらごし）
…80g
香菜（きざむ）…6g

2 だいたいステップ

1. Aを中火で炒める。

Aの材料をフライパンで直接計量し（P.13）、中火にかけます。玉ネギにだいたい火が通るまで炒めてください。

2. Bを加えて中火でさらに1分炒める。

全体を混ぜながら、やや水分を飛ばすように炒めます。

手抜きテンパリング術

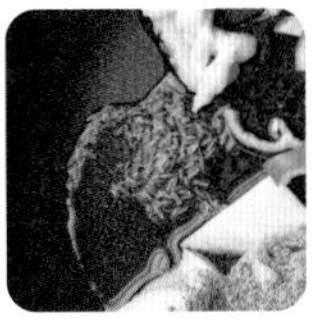

鍋に材料を計量しながら入れる際に、クミンシードとサラダ油は鍋の隅に一緒に入れます。火にかけたらすぐには混ぜず、クミンシードがはじけてよい香りが立ってきたら初めて全体を混ぜます。もちろんクミンシードをテンパリングしてから他の材料を加えてもいいのですが、面倒なときはぜひこちらの方法で。

仕上がり目安は
300g

ポークジンジャーマサラ

豚のしょうが焼き感覚であっという間につくれるドライタイプのカレー。甘めの味つけとたっぷり加えたショウガのすっきり感でお酒もご飯も進みます。

材料

豚切り落とし肉…150g
ピーマン…25g（約1個）
玉ネギ（ケララ切り・P.12）…60g
ショウガ（せん切り）…25g
シンプルパウダー（P.8）…3g
ガラムマサラ（P.10）…1g
サラダ油…15g
砂糖…5g
塩…3g
トマト（ざく切り）…80g

2 だいたいステップ

1. トマト以外の材料を中火で炒める。

2. トマトを加えて中火で1分炒める。

トマト以外の材料をフライパンで直接計量し（P.13）、中火にかけて肉に火が通るまで炒めます。

トマトを加えたら中火のまま1分炒め合わせて全体にからめます。

仕上がり目安は
300g

レンチンカレー
&
ライスとビリヤニ

なんと電子レンジでカレーができちゃうんです。
しかも、バスマティライスだってふっくらパラパラに炊ける上に、
ビリヤニまで炊けちゃいます。
前著で大好評だった「シンプル鯖缶カレー」も
レンチンバージョンで再登場!
まさかの本格感をぜひご体感ください!

電子レンジは
元祖おまかせ調理家電

放っておいても焦げついたり水分が蒸発しすぎたりすることもなく、時間さえ守れば安定して仕上がる電子レンジはとても便利な調理器具です。有効活用しない手はありません！

例えば電子レンジでライスを炊いてる間に材料を切ってカレーをつくって副菜も用意、なんてことも可能です。

※500W前後で調理する場合は調理時間を30秒ほどプラスして下さい。

レンジビリヤニの炊き上がり。米一粒ずつが立ち上がり、パラパラに仕上がる。

レンチン
カレー&ビリヤニ

つくり方の流れと極意

材料を混ぜたり重ねたりした丼にラップをかけて
レンチンします。加熱しすぎは禁物なので
出力W（ワット）数と時間でコントロールします。

レンチンカレーのつくり方

1. 丼で計量して混ぜる

2. ラップしてチンする

極意その1

隙間をあけてラップする

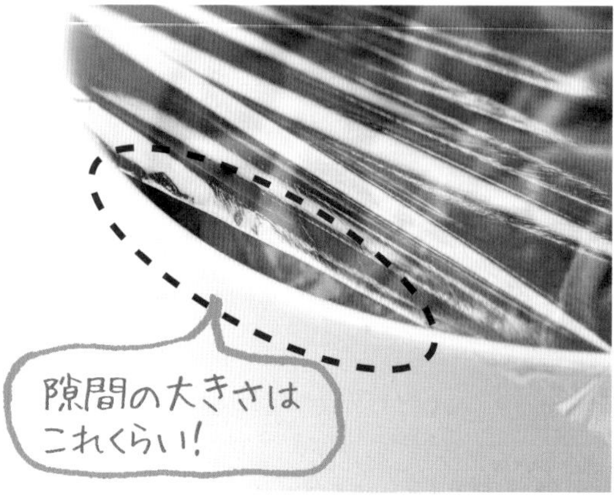

ほんの少し隙間ができるようにラップをかけるのが最大のポイントです！わずかに隙間をあけつつ、ぴっちりとかけてください。隙間をあけないとニンニクや玉ネギの匂いがこもって、蒸れた味になってしまいます。しかしながら、中で蒸気がしっかりと回ることもとても大切なので隙間はあまり大きくしすぎないように。竹串でラップに穴を開けて蒸気穴をつくるやり方だと、チンしている間にラップが裂けてしまうのでおススメしません。

レンチンビリヤニのつくり方

1. 丼で具材やスパイスを計量して混ぜる

2. バスマティライスを20分浸水する

3. 浸水したバスマティライスを水ごと1.の丼に移す

4. ラップしてチンし、蒸らす

極意その2

丼を使う

レンジカレーは電子レンジライス（P.60～61）とは異なり、ジップロックコンテナでつくってはいけません！高温になった油脂でジップロックが溶けてしまいます。必ず耐熱の器を使ってください。器はラーメン丼でOK！容量は900ml以上必要。あれば、より大きな耐熱ボウルを使ってもよいです。

チキンコルマ

コルマは、玉ネギや乳製品を使って濃厚に仕上げるカレー。
オイルを多めに加えてチンすることで
100℃以上の高温になり、電子レンジ調理にもかかわらず、
スパイスの香りをしっかりと引き出せます。

材料

カット鶏モモ肉…150g
玉ネギ（スライス）…160g
おろしニンニク…5g
おろしショウガ…5g
トマト水煮缶（あらごし）…60g
無糖ヨーグルト…30g
シンプルパウダー（P.8）…5g
ガラムマサラ（P.10）…2g
サラダ油…30g
塩…5g

2 だいたいステップ

1. 丼ですべてを混ぜる。

大きめの丼か耐熱ボウルにすべての材料を入れて混ぜます。

2. ラップして600〜700Wで10分！ 200Wで10分！

ほんの少し隙間をあけてラップをし、600〜700W（強）で10分チンした後、200W（解凍モード）にして10分かけます。

できあがり！

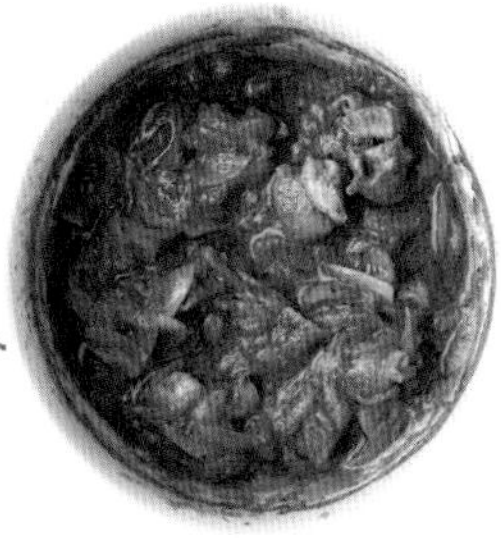

レンチン
カレー

帰ってきた鯖缶カレー

前着で「簡単おいしい!」とご好評いただいた
「鯖缶シンプルカレー」を、さらに簡単な
電子レンジバージョンにアレンジしました。
おいしさはそのままに、より手軽になった鯖缶カレー、
ぜひ一度お試しください!

材料

A

玉ネギ（スライス）…120g	シンプルパウダー（P.8）…4g
おろしニンニク…4g	コリアンダーパウダー…4g
おろしショウガ…4g	サラダ油…30g
トマト水煮缶（あらごし）…60g	塩…2g

鯖水煮缶…1缶（190g）

2 だいたいステップ

1. Aを混ぜ、ラップして600〜700Wで5分！

丼でAの材料を直接計量し（P.13）、混ぜ合わせます。ほんの少し隙間をあけてラップをしたらチンします。これはいわば、前著でご紹介した「基本のマサラ」の電子レンジバージョン。試行錯誤したら電子レンジでもできちゃいました。

2. 鯖缶を加え、ラップして600〜700Wで5分！

写真のように鯖缶を汁ごと加え、再度同じようにラップをして電子レンジにかけます。鯖缶は混ぜる必要はありません。ポンと入れたら、ラップしてそのままチンでOK！

できあがり！

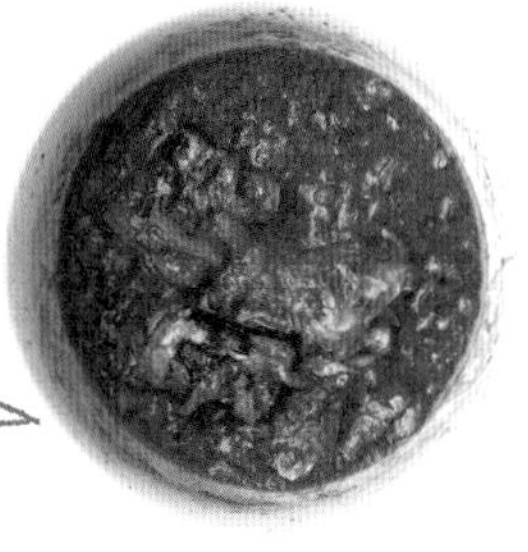

アルーベイガン

インドではとてもポピュラーな、茄子、じゃがいも、
ピーマンの濃厚なベジカレーです。
ベジな上に電子レンジで短時間でつくるのに、
そうとは思えない、
まったりとしたコクがお楽しみいただけます。

材料

A
- 玉ネギ（スライス）…120g
- おろしニンニク…4g
- おろしショウガ…4g
- トマト水煮缶（あらごし）…60g
- シンプルパウダー（P.8）…4g
- ガラムマサラ（P.10）…2g
- サラダ油…15g
- 塩…4g

バター…20g
ジャガイモ（皮をむいて いちょう切り）…100g
ナス（いちょう切り）…60g
ピーマン（幅1㎝に切る）…25g（約1個）
無糖ヨーグルト…20g

2 だいたいステップ

1. Aを混ぜ、バターをのせてラップし、600～700Wで5分！

2. 残りの材料を加えて600～700Wで8分！

Aを丼で直接計量して混ぜ、バターをのせます。ほんの少し隙間をあけてラップし、チンします。

残りの材料を加えたら全体を混ぜ、同じようにラップをして、さらにチンしたらできあがり！

できあがり！

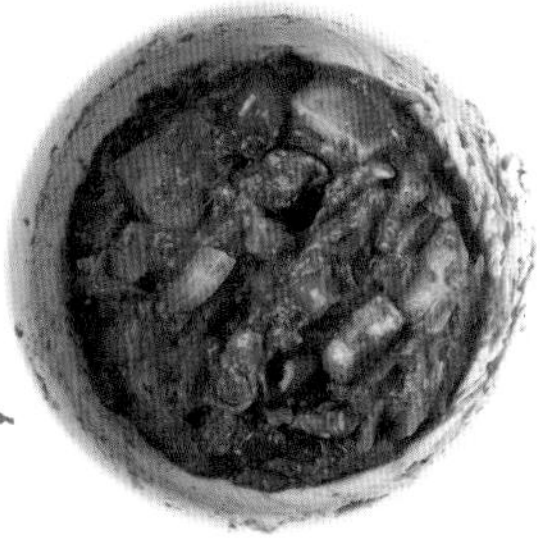

レンチン
ビリヤニ

ハイデラバード風チキンビリヤニ

ヨーグルトベースの
マサラでマリネした
チキンとバスマティライスを
層にして重ね蒸しするクラシックなレシピを、
丼&電子レンジ調理で再現。スパイスとハーブの風味が
しっかり効いた本格的な味わいです。チキンはできれば
冷蔵庫でひと晩マリネすると、さらにおいしくなります！

材料

A

カット鶏モモ肉…250g
玉ネギ（スライス）…50g
おろしニンニク…4g
おろしショウガ…4g
シシトウ（輪切り）…2本分（6g）
香菜（きざむ）…8g
ミント（きざむ）…4g
無糖ヨーグルト…50g
シンプルパウダー（P.8）…4g
ガラムマサラ（P.10）…4g
塩…4g

B

バスマティライス…150g
水…220g
塩…2g
カルダモンホール…2粒
クローブホール…2粒
ブラックペッパーホール…4粒
シナモンスティック…3㎝分
ローリエ…2枚

C

バター…30g
サフラン…ひとつまみ（約30本）

4 だいたいステップ

1. Aを混ぜ合わせて丼の底に敷く。

2. Bを合わせて20分浸水する。

3. 2.を1.に移してCをのせ、ほんの少し隙間をあけてラップをして600〜700Wで15分！

4. ラップをしたまま10分蒸らす。

レンチン
ビリヤニ

タミル風チキンビリヤニ

トマトベースのチキンカレーを生米に炊き込む、タミル地方風のビリヤニをジップロックコンテナと電子レンジで再現しました。シンプルな材料で気軽につくれて、とても食べやすい味わい。ハイデラバード風チキンビリヤニよりも肉の分量が少なく、高温でチンする時間が短いのでジップロックでつくれます。もちろん丼を使ってもおいしくできます。

材料

A
- カット鶏モモ肉…150g
- 玉ネギ（スライス）…60g
- おろしニンニク…3g
- おろしショウガ…3g
- シシトウ（輪切り）…2本分（6g）
- トマト水煮缶（あらごし）…60g
- シンプルパウダー（P.8）…3g
- ガラムマサラ（P.10）…3g
- コリアンダーパウダー…3g
- 塩…3g

B
- バスマティライス…150g
- 水…200g
- 鶏ガラスープの素…6g

バター…30g

4 だいたいステップ

1. Aを混ぜ合わせてジップロックの底に敷く。

2. Bを合わせて20分浸水する。

3. 2.を1.に移してバターをのせる。フタをして600～700Wで10分！200Wで6分！

4. フタをしたまま5分蒸らす。

コツいらず！

レンチンライスの炊き方

バスマティライスを少量炊くなら、実は電子レンジが最適！
驚くほど簡単にふんわりパラパラのバスマティライスが炊けます。
浸水時間も含めて30分ちょっとでできあがるという
調理時間の短さも魅力。スパイスを入れて炊く
アレンジバージョンも工程はだいたい同じです。
ここではバスマティライスの炊き方をご紹介しながら、
電子レンジライスの炊き方の流れをご説明します。

材料

バスマティライス…150g
水…300g
サラダ油…5g
塩…2g

炊き上がり！

1. 20分浸水。フタして600～700Wで6分！200Wで6分！

材料をすべてジップロックコンテナ（正方形1100ml）に入れて浸水します。スパイス類を入れて炊き込む場合は、浸水時に加えてしまってOKです！

2. 逆さにして5分蒸らす。

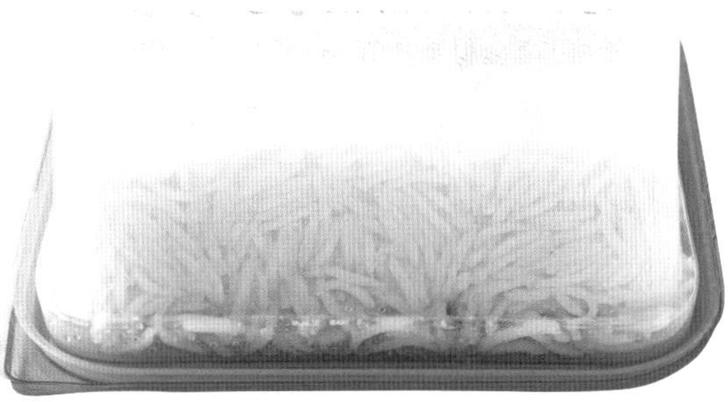

万が一フタがはずれたときのため、蒸らすときは皿の上などで。盛り付けに使う皿の上で蒸らせば、皿を温めることもできて一石二鳥！

レンチン
ライス

ベジタブルプラオ

プラオはビリヤニよりもあっさりとした炊き込みご飯。
カレーを合わせてもおいしいです。
が、野菜のだしをバスマティライスが
しっかりと吸っていてめちゃくちゃおいしいので、
むしろ単体で食べることをおすすめします。

材料

バスマティライス…150g
水…270g
野菜（ジャガイモ、ニンジン、ブロッコリー、グリーンピースなど。食べやすく切る）…計150g
バター…30g
クミンシード…ひとつまみ
ブラックペッパーホール…4粒
カルダモンホール…2粒
シナモンスティック…約3cm分
クローブホール…2粒
ローリエ…2枚
塩…4g

＊ホールスパイスを使ったほうがおいしいですが、なければガラムマサラ（P.10）2gで代用可。

2 ステップカレー

1. 20分浸水。フタして600〜700Wで8分、200Wで6分！

2. 逆さにして6分蒸らす。

バスマティライスは分量の水とともにジップロックに。浸水時間は約20分。残りの材料をすべて加えたら、600〜700W（強）で8分チン。200W（解凍モード）にしてさらに6分チンします。

フタをしたまま皿の上でひっくり返して6分蒸らし、ざっくり混ぜてから盛ります。盛りつける皿の上で蒸らすと、皿を温めることもできて一石二鳥です。

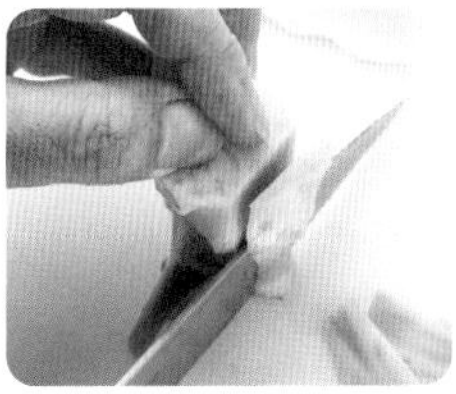

Point

ブロッコリーの芯は旨みが出るのでぜひ使ってください。筋に沿って包丁を入れて厚く皮をむき、残った筋をそいでから食べやすい大きさに切ります。

レンチン
ライス

アロマティックサフランライス

ホールスパイスとサフランで炊く香り高いライス。
インドレストランでは「ビリヤニライス」という
メニュー名で提供されることもあります。
汁気の少ないゴロゴロカレーの上を覆うように
盛り付けると、海外のレストランでよく提供されている
タイプの簡易ビリヤニとしても楽しめます。
サフランが無ければターメリック小さじ1/4(0.5g)で
代用してください。ホールスパイスは
あるものだけでもそれはそれで大丈夫です。

材料

バスマティライス…150g
水…280g
塩…3g
カルダモンホール…2粒
クローブホール…2粒
ブラックペッパーホール…4粒
シナモンスティック…3cm分
ローリエ…2枚
バター…20g
A（合わせておく）
　サフラン…ひとつまみ（約30本）
　牛乳…20g

2 だいたいステップ

1. A以外を20分浸水し、
600〜700Wで6分! 200Wで8分!

A以外の材料をすべてジップロックコンテナに入れて20分浸水します。フタをして600〜700W(強)で6分チン。200W(解凍モード)にしてさらに8分チンします。

2. Aを回しかけ、逆さにして
5分蒸らす。

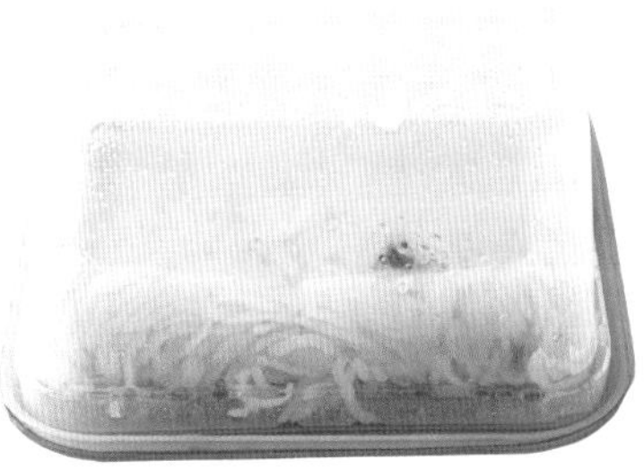

合わせておいた**A**はすばやく全体に回しかけます。かけたらフタをしなおし、ひっくり返して5分蒸らせばできあがり!

できあがり!

レンチン
ライス

ペッパークミンライス

シンプルなミックススパイス入りライスですが、
クミンシードの香りとブラックペッパーの辛みが
印象的で、ひと口頬張ると止まらなくなります。
濃厚な肉系のカレーと合わせるのが
おススメですが、ライス単独でも後引くおいしさ!

材料

バスマティライス…150g
水…300g
塩…3g
ブラックペッパーパウダー…1g
ブラックペッパーホール…ひとつまみ
クミンシード…ひとつまみ
バター…20g

2 だいたいステップ

1. 20分浸水し、
600〜700Wで6分！200Wで8分！

材料をすべてジップロックコンテナに入れて20分浸水します。フタをして600〜700W（強）で6分チン。200W（解凍モード）にしてさらに8分チンします。

2. 逆さにして蒸らす。

フタをしたまま皿の上でひっくり返して5分蒸らしたらできあがり！

できあがり!

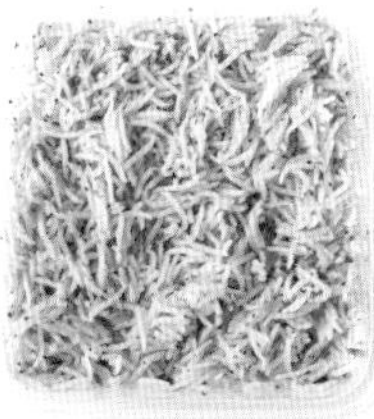

つくおきスパイス
おかず
&
つまみ

カレーを煮込む間につくって、
カレーができるまでの間につまみ始めてしまえる、
めちゃくちゃ手軽なつまみバリエーションです。
晩ごはんのおかずにはもちろん、
スパイス飲みもとってもはかどる。
そんな珠玉の各種つくりおきベース、
ぜひ常備して日々の食卓にお役立てください。

つくおきベースさえあれば！
スピード晩ごはん＆晩酌のために

カレーにプラスしてちょっとした副菜があるだけで、食卓は一気に華やぎ、満足感もアップ！　つくりおきできる基本のベース「つくおきベース」さえあればいつもの素材があっという間にスパイシーな一品に早変わりします。

前菜によし、カレーのプレートにちょこっと添えてもまたよし。メインのカレーを煮込んでいる間にとりあえず一杯飲み始めちゃう、なんていう時のおつまみにもぴったりです。インド料理に限らず和洋中の献立にも生かせるいろんな展開例もご紹介します。

万能キーマベース（P.74）

フライパンでこねてそのまま焼くだけ！　大きくカットすればハンバーグ風の肉料理に、粗くほぐせばスパイシーな挽肉料理のベースに。手軽でボリューミーな一品があっという間に出来上がります。

万能マリネベース（P.68）

“香味野菜＋ハーブ＋レモン汁”というインド料理の冷菜の基本パターンをつくりおきベースに。これひとつで味が決まるスグレモノです。

水アチャール（P.72）

野菜そのものの旨みを生かした浅漬け風アチャール。半端に余ったしなびかけの野菜も、とりあえずまとめて漬けておけば、サラダにもカレーの薬味にも大活躍！　浅漬けやピクルスの感覚で和洋中どんな献立にも合わせやすい万能選手です。

つくおき保存食（P.84）

お酒がススむ、ご飯もススむ、気軽に一品増やせるスパイシーな常備菜。冷蔵庫にこれが入ってるだけで幸せです。つまみ食いにもぴったり!?

なんでも和えて
たちまち一品！

万能マリネベースのつくり方

南インドの冷菜の定番的な味つけにもとづいて考えた
マリネベースです。1週間以上日持ちするので、
あらかじめ合わせてストックしておけば、
いつでもいろいろな素材と合わせて
様々な料理に展開できます。

1. すべて混ぜれば、できあがり！

材料

玉ネギ（粗みじん切り・P.12）…200g
ニンニク（粗みじん切り・P.13）…8g
青唐辛子（粗みじん切り）…1～2本分
香菜（きざむ）…20g（約1/2～1束分）
レモン汁…24g
酢…24g
塩…5g

殺菌消毒した瓶などに入れて冷蔵保存します。保存性を高めるために、インドではあまり使われない酢を加えていますが、つくって数日で食べきる場合は全量をレモン汁に置きかえてもOKです！ 香菜が苦手な方はお好みのハーブ（大葉やセロリの葉がオススメ）に置きかえても。青唐辛子がなければシシトウ＋カイエンペッパーひとつまみに置きかえればOK！

万能マリネベースで!

スパイシーカルパッチョ

材料

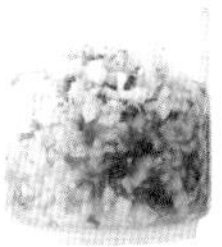

万能マリネベース
…適量

＋ **お好みのお刺身**
…適量

＋

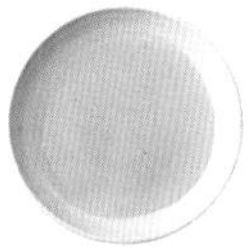

オリーブオイル
…万能マリネベースの約3/5の重量

万能マリネベースは、お好みのオイルと合わせるだけでスパイシーなドレッシングにも早変わり。スーパーのお刺身盛合せが、刺激的な一皿に生まれ変わります！つくり方は簡単。皿に並べたお刺身に、オリーブオイルを加え混ぜた万能マリネベースをのせるだけ。ディルがとてもよく合うので、できればぜひぜひ添えてください！

サーモンのインディアンセビーチェ

材料

万能マリネベース
…60g

＋ **お刺身用サーモン**
（角切り）…適量

＋

無糖ヨーグルト
…20g

南インドの沿岸部では、サーモンやサバ、サワラなど、毎朝新鮮な魚が水揚げされて市場に運ばれます。「もしも南インドに生魚を食べる習慣があったら、こういう料理があったにちがいない……」という想像から産まれた創作モダンインド料理です。材料を混ぜ合わせるだけでできあがり。

万能マリネベースで!

焼き野菜のマリネ

材料

万能マリネベース(P.68)
…80g

お好みの野菜(ナス、オクラ、ズッキーニ 、パプリカなど)…100g

サラダ油…10g

お好みの野菜をサラダ油をひいたフライパンでこうばしく焼き、万能マリネベースでマリネに。野菜は両面をこんがりと焼いたら深めの皿に盛り、スパイシーマリネベースをかけます。5分おいてから食べてください。もしくは翌日までマリネしても。しっかり漬かったものも大変おいしいです。

タコと枝豆のマリネ

材料

万能マリネベース
(P.68)…100g

ゆでタコ…100g
冷凍むき枝豆
…100g

オリーブ油…30g

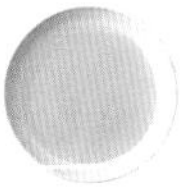

パプリカパウダー
(あれば)… 4g

ゆでタコを食べやすい大きさに切り、その他の材料と混ぜ合わせるだけ!前菜やおつまみとしても、カレーのサイドディッシュとしても楽しめる、すこぶる簡単な一品です。枝豆はゆでたジャガイモにかえてもOK!つくりたてはもちろん常備菜としても大変おいしいです。

万能マリネベースで!

ジャガイモのボルタ

材料

万能マリネベース（P.68）…ジャガイモの重量の80%

＋

ゆでて粗くつぶしたジャガイモ…適量

＋

シンプルパウダー（P.8）…ジャガイモの重量の１%

＋

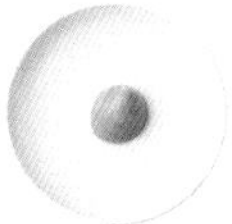

練りがらし…ジャガイモの重量の４%

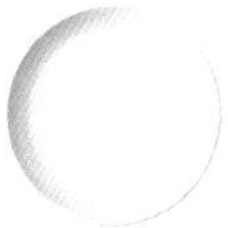

サラダ油…ジャガイモの重量の20%

ボルタ（またはボッタ、バルタ）は、きざんだり、つぶしたりした野菜にスパイスとマスタードの風味をつけるインドの家庭料理。ここではゆでたジャガイモでポテトサラダ風に仕上げました。ジャガイモをゆでて皮をむいたら計量し、重量に応じてその他の材料を加えてジャガイモをつぶしながら全体を混ぜたらできあがり！とはいえ、ジャガイモをゆでて皮をむくのってちょっと面倒だったりしませんか？ 実はとってても簡単な方法があるんです。ぜひお試しを！

さらば、面倒な皮むき！

ストレスフリーな ジャガイモのゆで方

1. ジャガイモは厚みがもっとも薄くなるように半分に切り、水から約10分ゆでます。

2. 中までしっかり火が通ったらボウルに取り、お玉などでまず粗くつぶし、お箸で皮をぺろんぺろんとむきます。

3. 皮をむき終わったところ。多少の皮は残っても気にしなくてOK。むしろ味のよいアクセントになります。

水アチャール

浅漬けのようでもあり、
水キムチのようでもあり、ピクルスのようでもある、
シンプルでフレッシュな味わいのアチャール。
そのままおつまみとして食べても、カレーのおともや
料理の付け合わせとしてもよく、しかも和洋中どんな献立とも
相性の良い万能選手です。
ぜひ冷蔵庫に常備してください!

1. すべて混ぜて冷蔵庫に3時間以上おく。

材料

A

- **玉ネギ**(スライス)…約1/4個分
- **ニンニク**(スライス)…約2かけ分
- **レモン**(スライス)…2～3枚
- **タカノツメ**…2本くらい(お好みで)
- **お好みの野菜**(キュウリ、大根、ニンジン、パプリカなどを食べやすい大きさに切る)…合わせて150g～200g

塩…Aの総重量の4%

水…Aの総重量と同量

殺菌消毒した瓶などに入れて冷蔵保存します。漬けはじめてから3時間でも1週間でもそれぞれの味わいが楽しめます。野菜は漬けものにするとおいしいものならなんでも。

水アチャールで！

ごろごろライタ

材料

水アチャール…適量
無糖ヨーグルト…水アチャールと同じ重量
クミンパウダー…ひとつまみ
ブラックペッパーパウダー…ひとつまみ

材料を混ぜるだけ！ 一瞬でできるサラダ感覚のライタです。カレーやビリヤニの付け合わせにも、ちょっとした小鉢としても大活躍します。

スパイシーアチャール

材料

水アチャール…60g
パプリカパウダー… 2g
カイエンペッパーパウダー…少量
ターメリックパウダー…少量
サラダ油… 4g

こちらも材料をすべて混ぜるだけ！水アチャールにひと手間かけて、「インド料理ならではのスパイシーな味わい&いかにもなビジュアル」にアレンジしました。

そのままでも！
展開しても！

万能キーマベースのつくり方

焼きたてをそのまま味わってもよし、
ざっくりとほぐして冷蔵庫に
常備しておけば様々な料理に展開できる
万能ベースです。つくり方はいたって
簡単。フライパンをボウルがわりにして
材料を混ぜ、平らにのばして
巨大ハンバーグ状に焼き上げるだけ。
ボウルを洗う手間を省いて
極限の時短＆簡単を実現！

材料

ひき肉（好みのもの）…400g
シンプルパウダー（P.8）…4g
ガラムマサラ（P.10）…2g
パプリカパウダー（あれば）…4g
ニンニク（粗みじん切り・P.13）…8g
シシトウ（輪切り）…2本分
香菜（みじん切り）…4g
塩…4g

1. 計量する。

材料はフライパンで直接計量（P.13）。肉は合いびき肉、牛ひき肉、鶏ひき肉などお好みのものをお使いください。

2. フライパンの中でこねる。

フライパンの中でこねて、ボウルを洗う手間を排除！

焼き上がったらバットや平らな皿に取り、温かいうちに半分はざっとほぐします。残り半分はほぐさずに「コフタ風スパイシーハンバーグ」(P.76)や「絶品エスニックバーガー」(P.77)に。フライパンに残った焼き汁は捨てずに必ず取っておき、「万能カレーソース」(P.80)に展開！フライパンでほぐすと焼き汁を吸ってしまい、カレーソースがつくれなくなるのでご注意を。

3. 薄く広げる。

こね終わったら、フライパンの底面いっぱいに手で薄く広げます。薄くのばせば焼く時間が短縮できます。焼くとけっこう小さくなるので、できるだけ大きくのばします。

4. 中火で5分！ 返してフタして弱火で5分！

中火にかけて5分焼いたらひっくり返します。フタをして弱火で5分蒸し焼きにしたらできあがり！

万能キーマベースで！

コフタ風スパイシーハンバーグ

材料

万能キーマベース（P.74）…半量
万能カレーソース（P.80）…適量

焼きたての万能キーマベースを、ほぐさずかたまりのままメインディッシュとして楽しみます。お好みで万能カレーソースをかけて。ヨーグルト、玉ネギやトマトのスライス、ショウガのせん切り、香菜、ベビーリーフなどを添えれば、味変が楽しめて最高です！

万能キーマベースで！

絶品エスニックバーガー

材料

万能キーマベース（P.74）…半量
バンズ…1個
万能カレーソース（P.80）…適量

焼きたての万能キーマベースをグルメバーガー仕立てに。バンズを温めて半分にスライスし、焼きたての万能キーマベースをはさんだら万能カレーソースをかけます。お好みで玉ネギやトマトのスライス、ショウガのせん切り、香菜、ベビーリーフなどもはさんでも。

万能キーマベースで！

スパイシー焼きししとう

材料

サラダ油…少量
シシトウ…１パック
塩…少量
万能キーマベース（P.74）…80g

フライパンに薄くサラダ油をひいてシシトウを並べ、軽く塩をふってこんがりと焼きます。万能キーマベースを加えて炒め合わせ、皿に盛ります。お好みでショウガのせん切りをのせても。シシトウの旨みやほんのりとした苦みが万能キーマとよく合います。たまに辛いシシトウがあるとうれしい。

おつまみキーマトースト

材料

お好みのパン…適量
万能キーマベース（P.74）…適量
とけるチーズ…適量

パンにキーマとチーズをのせてオーブントースターでこんがり焼くという、おいしくしかなりようのないつまみです。お好みでチーズの上にクミンシードをふってから焼いても。パンはバゲット、食パン、イングリッシュマフィンなど、なんでもOK！

万能キーマベースで！

ベイガンキーマ

材料

サラダ油…15g
ナス（スライス）…1本分
塩…2g
シンプルパウダー（P.8）…2g
万能キーマベース（P.74）…80g

フライパンにサラダ油をひいてナスを重ならないように並べたら、塩とシンプルパウダーをふって中火にかけ、ナスの両面を焼きます。ナスに火が通ったら万能キーマベースを加えて炒め合わせます。炒め終わりに「万能カレーソース」（P.80）を加え混ぜるとよりコクのある味わいに。

パリパリ ピーマン肉詰め

材料

ピーマン…2個
A
　トマトケチャップ…20g
　無糖ヨーグルト…20g
　シンプルパウダー（P.8）…1g
万能キーマベース（P.74）…80g

ピーマンは縦半割りにして種を取り除き、ひたひたの水（分量外）に浸します。できればそのまま半日冷蔵庫で冷やすとパリパリに。**A**を混ぜ合わせてソースをつくり、その間に万能キーマベースを電子レンジで温めます。ピーマンに温めたキーマを詰め、ソースをかけたら完成。生のピーマンのパリパリ感と、旨みたっぷりのキーマが好相性！

万能キーマベースの
焼き汁を展開!

万能カレーソース

1. 焼き汁にAを加えて
強火で炒める。

材料

万能キーマベースの
フライパンに残った焼き汁（P.75）…全量
A
玉ネギ（粗みじん切り・P.12）…200g
おろしニンニク…4g
おろしショウガ…4g
シンプルパウダー（P.8）…3g
ガラムマサラ（P.10）…2g
塩…3g
トマト水煮缶（あらごし）…100g
水…50g

フライパンに残った万能キーマベースの焼き汁に**A**の材料を加えます。強火でジュージューと音がたつまで炒めてください。

万能カレーソースで！

シンプルに!
これだけでも
カレーとして
おいしい

焼きたての
万能キーマ
ベースに添えて、
付け合わせの
ソースに!

「万能キーマベース」(P.74)を焼いたときにフライパンに残る
美味しすぎる肉汁を活用して、玉ネギベースのカレーソースをつくります。
ニンニクとショウガはチューブでもOK!
玉ネギとトマトの旨みがしっかりと味わえる
シンプルなカレーソースができます。

2. フタして弱火で5分!

焼き汁が少なくて焦げつきそうだったら、フタをする前に水を少量加えてもよいです。5分後には写真のように玉ネギが焼き汁をしっかりと吸って、全体がなじんだ状態に。

3. 水とトマト缶を加えて沸かし、フタをして弱火で5分!

2.の状態になったら水とトマト缶を加えます。強火にし、沸いたら弱火にしてフタをし、5分煮込みます。

ほぐした万能
キーマベースを
戻し入れて!
リッチな味わいの
キーマカレー

ゆで卵を加えて!
エッグマサラ

卵以外でも、
お好みの具材で
様々なカレーが
つくれます!

お店みたいな

まるでタンドール窯で焼いたような
チキンティッカを
「スモークパプリカパウダー」を使って
再現します。

タンドリー風
チキンティッカ

チキンティッカマサラ

トマトベースのシンプルな
カレーソースでチキンティッカを
さっと煮込む、
メインディッシュ風のカレー。
「甘くないオトナの
バターチキン」という趣です。

09

材料

鶏モモ肉…240g（約1枚）
おろしニンニク…3g
おろしショウガ…3g
無糖ヨーグルト…40g
シンプルパウダー（P.8）…3g
ガラムマサラ（P.10）…2g
スモークパプリカパウダー（右記）…3g
レモン汁…15g
塩…3g

1. 鶏モモ肉を切り、その他の材料をもみ込む。

鶏モモ肉1枚は4つに切り、厚い部分には切れ込みを入れます。他の材料と合わせてもみ込んだら、冷蔵庫に1時間以上おきます。2日間おくとベストなおいしさに。

2. 250℃のオーブンで15分！

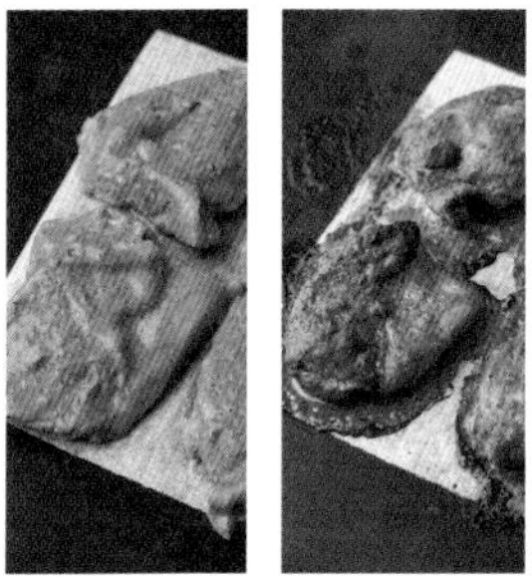

オーブンペーパーを敷いた天板にのせて焼きます。オーブンが一番おいしくできますが、なければサラダ油をひいたフライパンや魚焼きグリルで焼いてもよいです。

驚きのタンドール窯焼き効果！

スモークパプリカパウダー

スモークした風味をつけたパプリカパウダーです。これを加えるだけで、炭火のタンドール窯で焼いたようなこうばしい風味をつけることができます。

材料

A
玉ネギ（ケララ切り・P.12）…60g
おろしニンニク…3g
おろしショウガ…3g
シンプルパウダー（P.8）…3g
ガラムマサラ（P.10）…1g
サラダ油…15g
塩…3g

B
トマト水煮缶（あらごし）…200g
チキンティッカ（上記）…100～200g

C
生クリーム…50g
香菜（お好みで。きざむ）…適量

1. Aを中火で炒め、玉ネギに火が通ったらBを加える。

2. 煮立ったらCを加え混ぜる。

ソースのみの仕上がり目安は300g

つくおき保存食!

オリーブピックル

材料

A
- オリーブ（塩水漬け）…100g
- ニンニク（粗みじん切り・P.13）…10g
- シンプルパウダー（P.8）…3g
- パプリカパウダー…3g
- サラダ油…50g

レモン汁…10g

Aをフライパンで直接計量して混ぜ合わせ、ごく弱火にかけます。ニンニクに火が通ったら火からおろし、粗熱がとれたらレモン汁を加え混ぜるだけ。瓶詰めのオリーブがあっという間にスパイシーなアチャールに。保存が効くので、ちょっとしたおつまみや付け合わせとして常備しておくと便利。

ビーフピックル

材料

牛肉角切り（赤身）…100g

A
- おろしニンニク…4g
- おろしショウガ…4g
- シンプルパウダー（P.8）…1g
- ガラムマサラ（P.10）…1g
- コリアンダーパウダー…1g
- カイエンペッパーパウダー…1g
- 塩…2g

B
- サラダ油…60g
- タカノツメ…1本
- マスタードシード（あれば）…2g

C
- 酢…30g
- 粒マスタード…15g

牛肉をスパイスオイルで加熱して、酢を加えるインドの伝統的な保存食です。カレーの付け合わせにはもちろん、つまみにも最適。牛肉は安い外国産で十分です。肉にはAをもみ込んでおき、フライパンにBを入れて火にかけます。マスタードシードが弾けたら肉を加え、弱めの中火で火が通るまで約5分煮ます。Cを加えて冷まし、殺菌消毒した瓶に入れて冷蔵庫にひと晩以上おいたらできあがり。肉がオイルに覆われた状態をキープすれば冷蔵庫で1週間ほど保存可能です。

帰ってきた！

休日番外編

前著にて、マニアのみなさまのみならず
南インド料理ビギナーのみなさまからも
大変に熱いご支持をいただきました
「“休日にじっくりつくりたい”本格南インド料理」。
よりマニアックになって、ふたたび見参！

南インドの魚カレーはこの3パターンが基本！

目指せ！フィッシュカレーマスター

長い海岸線を持ち、漁業が盛んなインド最南端ケララ地方で日常的に食べられているフィッシュカレーの特徴的な３パターンをご紹介します。ケララの魚市場には、サーモン、サワラ、サバ、マナガツオなど日本でもお馴染みのものを含めて様々な魚種が並んでおり、魚種に応じてさまざまな調理法を使い分けます。

ケララに限らず南インドの沿岸部ではそれぞれの地域に特徴的なフィッシュカレーがありますが、フィッシュマラバールと同様の「ココナッツミルク＋酸味のある食材」のパターンは特に広い地域で見られるようです。酸味のある食材としては日本でも手に入りやすいタマリンドの他、コカムという柑橘系の果実の乾物や未熟マンゴーなど、様々な素材が使われています。

●インドのフィッシュカレー分布

多い

スパイシー！

ミーンコランブ

油もスパイスもしっかりと使い、辛みやさわやかな風味をきりっときかせたパキっとしてコクのある味わい。香味野菜はニンニクのみでショウガは使いません。ブリや鯖といった青魚など脂のしっかりのった魚を使うとよいです。

コク旨！

フィッシュマラバール

３タイプの中ではもっともニュートラルな味わい。ココナッツミルクのコクとトマトの旨み、タマリンドの酸味のバランスがよく、どんな魚種にもよく合う万能ベースです。ショウガとニンニクを両方使います。

スパイス量

さっぱり！

ミーンモーレー

南部ケララ地方の名物料理。3タイプの中ではもっともスパイスの使用量が少ないあっさりフィッシュカレー。香味野菜はショウガのみでニンニクは使いません。鯛やタラなどの淡泊な白身魚がよく合います。

少ない

絶対にウケる！

カレー好きのための圧力鍋活用絶品カレー

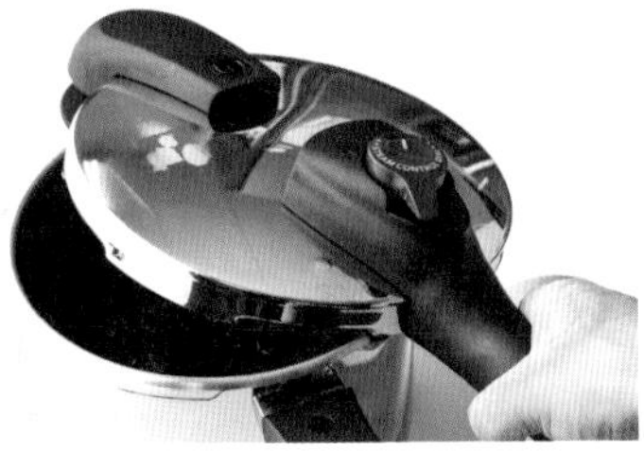

短時間で肉や豆がやわらかく煮える便利な圧力鍋ですが、カレーのように濃度がある煮込み料理の場合、ちょっとでも火加減が強すぎると底が焦げつきやすいという欠点があります。特に細かく切った玉ネギは底にたまって焦げつきの原因になりがち。

しかし、ここで紹介している圧力鍋レシピはいずれも、圧力鍋で煮込んだ後に別の鍋でとろみを出す、という手順にしているため、圧力鍋調理に慣れていない方でも安心して挑戦できるはずです！

また、ムングダールは圧力鍋でなくても30分ほどゆでれば充分やわらかくはなりますが、その場合はざらっとした豆の質感が残った仕上がりになります。圧力鍋だとトロっとなめらかな仕上がりになりますので、食感の好みで使い分けて下さい。今回、ムリガタニースープはなめらかに仕上げたいので圧力鍋で、デザートのムングダールパヤッサム（P.112）はザラッとした“豆感”を残したいので普通の鍋で、と使い分けました。

知る人ぞ知る！

いぶし銀のサイドディッシュをご家庭で

ムリガタニースープ

バンギバス
（南インドの茄子ごはん）

インド料理の世界はとにかく奥が深い！

あまり知られていない絶品料理がまだまだ星の数ほど存在します。今回はその中から厳選した2品を。どちらもこれが日本で広まらない事が不思議になるくらい、ばっちり日本人好みの味わい。おもてなしにもぴったりです。

◎フィッシュカレーによく使う！ タマリンドの簡単な絞り方講座

ぎゅうぎゅうと必死になって絞り出すのが疲れる、という声をよくきくタマリンドの絞り出し。
ごくごく簡単にできる方法を編み出しました。

1　タマリンドをちぎり、水と1:10の割合（重量比）で合わせる。

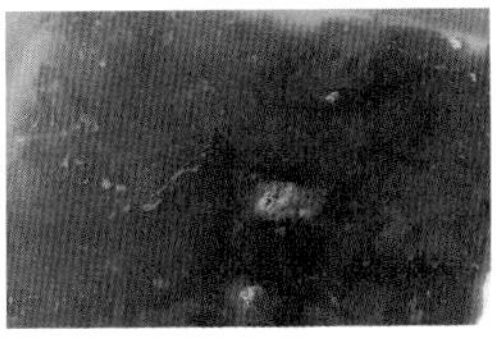

2　熱々になるまでチンし、冷めるまでおく。

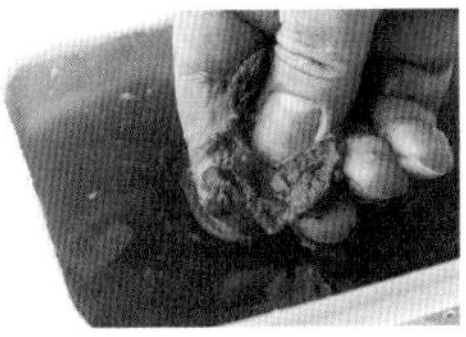

3　手でさわれる温度になったらよくもみ出す。

4　ザルで漉し、最後にギュッとしっかり絞る。まとめてつくって冷蔵しておくと便利。冷凍保存可。

テンパリングの極意

テンパリングは、ホールスパイスを油とともに熱して香りをうつす工程のこと。インド料理には欠かせないテクニックです。やりすぎると香りがとび、焦げて苦みが出てしまいますが、加熱が足りないと香りをしっかりと引き出せません。ここではこの章でよく使うスパイスのテンパリングの上達の極意をご説明するとともに、動画のリンクも掲載しました。QRコードを携帯などで読み取ると動画のページにとべます。

◎テンパリングの手順

1. 冷たいオイルにスパイスを入れる

熱したオイルにホールスパイスを放り込むというやり方もありますが、冷たい油にあらかじめ入れてから火にかけるやり方のほうがゆっくりと温度が上がるため、失敗が少ないです。

2. 火にかける

慣れると強火にかけた方が時間もかからずに楽なのですが、慣れないうちは中火の方がやりやすいです。ときどきフライパンをゆすって全体の温度を均一にしながら加熱していきます。

3. 香りが立ったら完了!

もっとも香りが立ったタイミングで、香味野菜などの次に加える素材を入れてオイルの温度を下げます。そのまま高温で熱し続けるとスパイスに火が入りすぎて焦げてしまいます。

◎マスタードシードのテンパリング

○ベストタイミング!

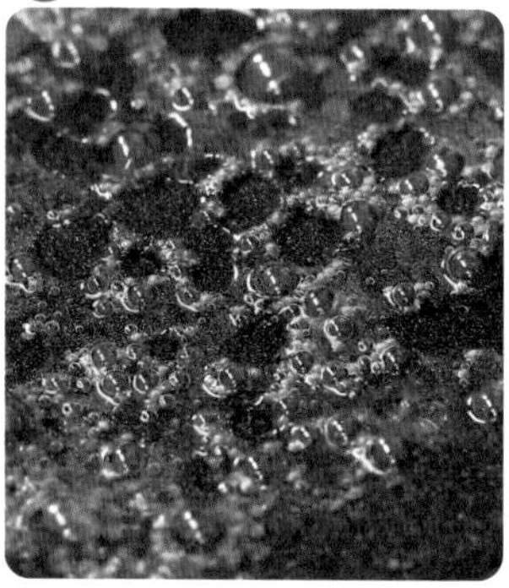

× 早すぎ!

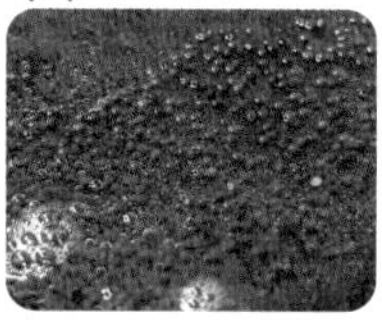

× やりすぎ!

オイルの温度が上がると、シードのまわりに泡が立って白っぽく見えてきます。もう少しするとパチパチと軽快な音をたてて弾け出し、同時にナッツのようなこうばしい香りがただよいはじめます。

パチパチという音が減りはじめる直前が香りのピーク。すべてのシードが弾け切って音がしなくなる頃にはもう焦げていますのでご注意を。

◎クミンシードのテンパリング

○ベストタイミング！

× やりすぎ！

オイルの温度が上がるにつれて、シードの周囲にシュワシュワと泡が立ち、独特のよい香りがしてきます。

クミンシードはとても焦げやすく、それ以上加熱すると風味がとんでしまいます。色が変わるまで焦がしたりすることのないようにくれぐれも気をつけましょう。

◎ホールスパイスとカレーリーフのテンパリング

○ベストタイミング！

× やりすぎ！

○ベストタイミング！

× やりすぎ！

この章にはマスタードシード、フェヌグリークシード、タカノツメを先に熱し、後からカレーリーフを加えてテンパリングするレシピがいくつかあります。

カレーリーフを加えるタイミングは、マスタードシードが弾ける音がピークに達したとき。加えたら5秒ほどでこうばしい香りが立ちますので、香味野菜などを加えてすぐに温度を下げます。カレーリーフの色が変わるまで熱してしまったらやりすぎです。

◎フェンネルシードのテンパリング

フェンネルシードはクミンシードよりもさらに焦げやすく、加熱しすぎると揮発性の芳香がとんでしまいます。よって後から加えることがほとんどです。加えてから10秒も熱すれば充分に香りが立ちます。くれぐれも熱しすぎないように注意しましょう。

フィッシュカレー！

鯛のミーンモーレー

ココナッツミルクをたっぷり使う、
マイルドなフィッシュカレー。
スパイスブかいは極めてシンプルながら、
意外なほど香り豊かに仕上がるのが驚きです。
鯛の他に、タラなどの白身魚やサーモンなど、
比較的淡白な魚との相性が良いレシピ。
海老でもおいしくつくれます。

材料

A
- **サラダ油**…20g
- **マスタードシード**…2g
- **フェヌグリークシード**…1g
- **タカノツメ**（種は抜く）…２本

B
- **カレーリーフ**（あれば）
  …ひとつまみ
- **玉ネギ**（ケララ切り・P.12）…50g
- **ショウガ**（粗みじん切り）…6g
- **シシトウ**（輪切り）…２本分

ココナッツミルク…50g
水…50g

C
- **塩**…4g
- **ターメリックパウダー**…1g
- **カイエンペッパーパウダー**
  …ひとつまみ（0.5g）

真鯛の切り身（食べやすく切る）
…120～140g
トマト（ひと口大に切る）…60g
ココナッツミルク…100g
レモン汁…8g
香菜（きざむ）…4g

1.

Aを鍋に入れて中火にかける（テンパリング）。

2.

マスタードシードが弾けたら、Bを加えて炒める。

3.

ココナッツミルク50gと水50gを混ぜておき、2.の玉ネギが透き通ってきたら加える。

4.

Cを加えて、ひと煮立ちさせる。

5.

まず、食べやすく切った真鯛の切り身を入れ、続いてトマトも加える。

6.

ひと煮立ちさせる。

7.

鍋を軽くゆすって混ぜ（ヘラなどで混ぜると魚の身が崩れる）、フタをして弱めの中火で約10分煮る。

8.
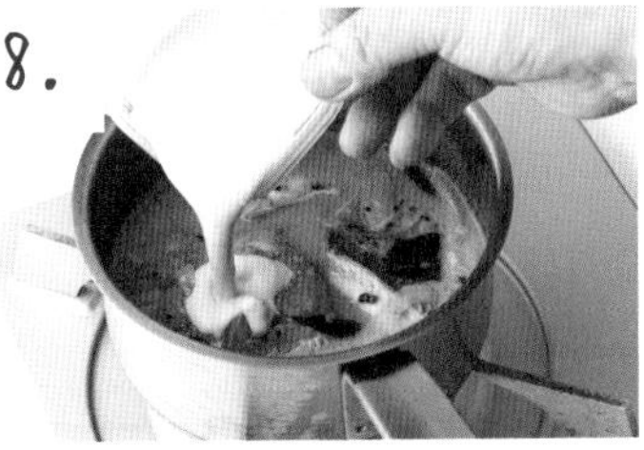

ココナッツミルク100g、レモン汁、香菜を加えてひと煮立ちさせる。

9.

仕上がり重量の目安は400～450g。

フィッシュカレー！

ブリのミーンコランブ

タマリンドの酸味が特徴的な、
たいへんスパイシーなフィッシュカレー。
ニンニクとブラックペッパーでパンチの効いた
味わいに仕上げます。ブリの他に鯖などの
青魚や、カジキマグロなど身質のしっかりした
魚にもよく合います。牡蠣もおすすめです。

材料

A
- **サラダ油**…30g
- **マスタードシード**…2g
- **フェヌグリークシード**…1g

B
- **タカノツメ**（種は抜く）… 2本
- **クミンシード**…1g

フェンネルシード…1g

C
- **カレーリーフ**（あれば）…ひとつまみ
- **玉ネギ**（ケララ切り・P.12）…50g
- **ニンニク**（粗みじん切り）…12g
- **シシトウ**（輪切り）…２本分

D
- **シンプルパウダー**（P.8）…4g
- **コリアンダーパウダー**…4g
- **ブラックペッパーパウダー**…4g

タマリンド水（P.87）…120g
- **タマリンド**…12g
- **水**…120g

水…60g
塩…5g
砂糖…3g
ブリの切り身（食べやすく切る）…120〜140g
トマト（くし形切りを半分に切る）…60g
香菜（きざむ）…8g

1.

鍋にAを入れて中火にかける（テンパリング）。

2.

マスタードシードが弾け始めたらBを加える。

3.

10秒後にフェンネルシードを加える。

4.

さらに5秒後に、Cを加えて炒める。

5.

玉ネギに火が通ったら、Dのパウダースパイスを加える。

6.

スパイスがなじんでじっとり油が浮いてくるまで炒める。

7.

タマリンド水、水、塩、砂糖を加えてひと煮立ちさせる。

8.

まず、食べやすく切っておいたブリを加え、続いてトマトを加える。

9.

10分煮込み、香菜を加えて火を止める。仕上がり重量の目安は400〜450g。

フィッシュカレー!

タマリンドの酸味とココナッツミルクのコクが調和した濃厚な味わいのフィッシュカレー。マラバール地方(ケララ州)のみならず南インド各地に類似のレシピが見られる、ベーシックな調理法です。魚種を問わずさまざまな魚介類と相性がよいカレーですが、サーモンの他にサワラ、アジ、イカなど旨みの強いものでつくると格別です

サーモンのフィッシュマラバール

材料

A
- **サラダ油**…30g
- **マスタードシード**…2g
- **フェヌグリークシード**…1g

フェンネルシード…1g

B
- **カレーリーフ**（あれば）…ひとつまみ
- **玉ネギ**（ケララ切り・P.12）…50g
- **ニンニク**（粗みじん切り・P.13）…4g
- **ショウガ**（粗みじん切り）…4g
- **シシトウ**（輪切り）…2本分

C
- **シンプルパウダー**（P.8）…4g
- **パプリカパウダー**…3g

タマリンド水（P.87）…50g
- **タマリンド**…5g
- **水**…50g

D
- **ココナッツミルク**…150g
- **トマト水煮缶**（あらごし）…50g
- **砂糖**…4g
- **塩**…4g

サーモンの切り身（食べやすく切る）…120～140g

香菜（きざむ）…4g

1.

鍋にAを入れて中火にかける（テンパリング）。

2.

マスタードシードが弾けたら、フェンネルシードを加える。

3.

5秒後にBを加える。

4.

玉ネギに火が通るまで炒め合わせる。

5.

Cを加えて香りが立つまで炒める。

6.

タマリンド水とDを加えてひと煮立ちさせる。

7.

食べやすく切ったサーモンを加えてひと煮立ちさせる。

8.

弱めの中火か弱火にしてサーモンに火が通るまで約10分煮る。

9.
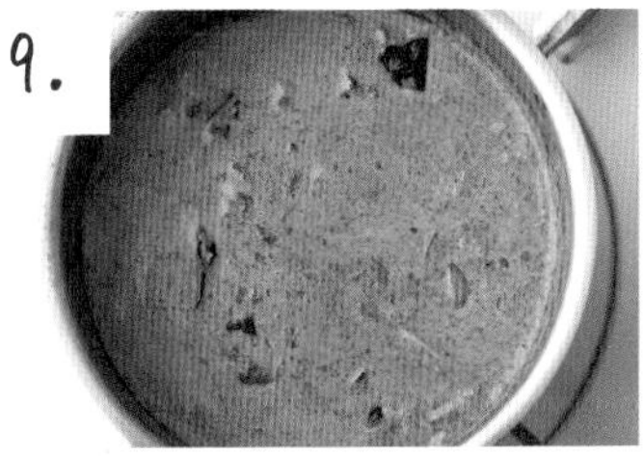

香菜を加え混ぜて仕上げる。仕上がり重量の目安は400～450g。

圧力鍋で!

ポルトガル文化の影響を強く受けたインド南西部ゴア地方の
名物料理を、豪快かつエレガントなレストランスタイルに
仕上げました。圧力鍋で肉をやわらかく煮込み、
ともに煮込んだ玉ねぎをつぶしてなめらかなソースに仕立てる、
というちょっと変わった手法を編み出したのですが、
実際につくってみると極めて合理的な方法であることが
ご理解いただけると思います。

絶品ポーク
ビンダルー

材料

豚バラブロック肉…500g
ビンダルーペースト
- **ショウガ**（細かいみじん切りかすりおろし）…10g
- **ニンニク**（細かいみじん切りかすりおろし）…30g
- **シンプルパウダー**（P.8）…8g
- **ガラムマサラ**（P.10）…4g
- **ブラックペッパーパウダー**…2g
- **カイエンペッパーパウダー**…2g
- **パプリカパウダー**…6g
- **酢**…50g
- **砂糖**…10g
- **塩**…10g

サラダ油…30g
水…200g
玉ネギ（くし形切り）…240g
トマト（くし形切り）…120g
クローブホール…6粒
シナモンスティク…4g

1.

豚肉は4つに切り分ける。ビンダルーペーストの材料はボウルに入れて混ぜる。

2.

豚肉にビンダルーペーストをもみ込み、ビニール袋に入れて空気を抜く。1日以上（できれば2日）冷蔵庫におく。

3.

圧力鍋にサラダ油を熱し、2.を炒める。

4.

豚肉の表面に火が通ったら水を加え、肉の隙間に差し込むように玉ネギを入れる。

5.

トマトは肉と玉ネギの隙間を埋めるように入れる。クローブとシナモンも加えて火にかける。

6.
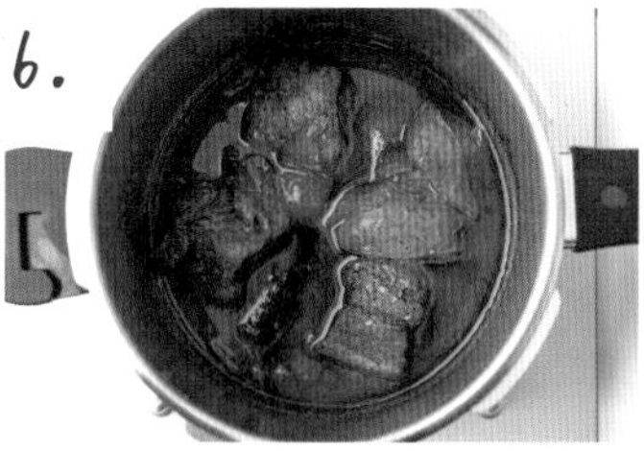
沸騰したらフタをして、圧力がかかったら20分煮込む。火からおろして自然に冷まし、フタをはずす。

7.

粗熱が取れたら肉を取り出し、シナモンは取り出して捨てる。

8.

鍋に残った煮汁をブレンダーにかけ、なめらかになるまで回す（またはヘラやマッシャーでなるべくなめらかにつぶす）。

9.

濃度が出るまで煮詰め、豚肉を戻し入れる。仕上がり重量の目安は900〜1100g。

圧力鍋で！

絶品マトンマサラ

やわらかく煮込むのに時間のかかるマトンは、圧力鍋を使い、水とホールスパイスのみであらかじめやわらかくなるまで煮ておくことで、後は一気に短時間で仕上げることができます。本来はココナッツの果肉をペーストにして使う料理ですが、手に入りやすいココナッツミルクパウダーを使い、オイルをなじませながらスパイスとともによく炒めることで香ばしい風味とコクを付与し、マイルドになりすぎないように調整しました。

材料

マトン角切り…400g
A
水…300g
カルダモンホール…6粒
クローブホール…6粒
シナモンスティック…2g
ローリエ…4枚
スターアニス…2個
サラダ油…30g
玉ネギ（粗みじん切り・P.12）…240g
ニンニク（細かいみじん切りかすりおろし）…8g
ショウガ（細かいみじん切りかすりおろし）…8g

B
シンプルパウダー（P.8）…8g
ガラムマサラ（P.10）…4g
コリアンダーパウダー…8g
ココナッツミルクパウダー…24g
塩…8g
トマト水煮缶（あらごし）…160g
無糖ヨーグルト…40g
香菜（きざむ）…8g

1.

マトンはぬるま湯で表面を洗う（アクとりしなくてもクセが強くなりすぎず、ほどよい風味になる）。

2.

1.とAを圧力鍋に入れ、フタをして火にかける。

3.
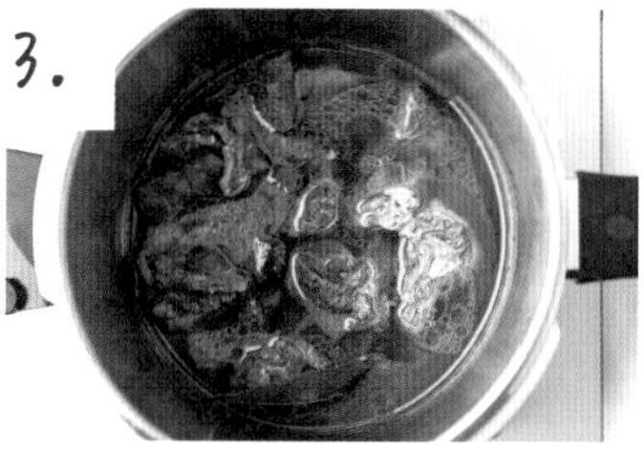
圧力がかかったら20分煮る。火からおろして自然に冷まし、フタを開ける。

4.

別の鍋でサラダ油を熱し、玉ネギを色づくまで炒める。ニンニクとショウガを加えてさらに炒める。

5.

Bを加えてさらに炒める。

6.

じっとりと油が浮いて、香りが立つまで炒める。

7.

トマト水煮缶と3.を煮汁ごとすべて加え、フタをして10分ほど煮込む。

8.

フタを取り、とろみがつくまで煮詰める。

9.

よく混ぜてなめらかにしたヨーグルトと香菜を加え混ぜて仕上げる。仕上がり重量の目安は700～800g。

南インドのチャナマサラ

圧力鍋で！

マトンマサラ同様、ココナッツをスパイスとともにしっかりと炒めることでコクを出すひよこ豆カレー。南インドでは黒ひよこ豆（カラチャナ）を使用することが多いです。もし手に入るならぜひ使ってみてください。黒ひよこ豆は普通のひよこ豆よりかたいので加圧の時間を5分延長する必要がありますが、よりどっしりとした食感とコクが得られます。いずれにしても乾燥のひよこ豆を戻して煮たものは、豆も煮汁も水煮の缶詰などよりはるかに味わい深く、ふっくらやわらかく煮上がるので、あとはどうやったっておいしく仕上がります。

材料

乾燥ひよこ豆…200g
水…600g
A
塩…6g
ターメリックパウダー…1g
B
サラダ油…20g
マスタードシード…4g
タカノツメ（種は抜く）…4本

C
玉ネギ（ケララ切り・P.12）
…120g
ニンニク（細かいみじん切りかすりおろし）…8g
ショウガ（細かいみじん切りかすりおろし）…8g
カレーリーフ…ひとつまみ

D
シンプルパウダー（P.8）
…8g
ガラムマサラ（P.10）…2g
コリアンダーパウダー…8g
ココナッツミルクパウダー
…24g
塩…2g
トマト（角切り）…160g
香菜（きざむ）…6g

1.

ひよこ豆は分量の水で一晩浸水しておく。

2.

浸水したひよこ豆を水ごと圧力鍋に移して**A**を加える。

3.

火にかけ、圧力がかかったら15分加熱する。火からおろして自然に冷まし、フタをはずす。

4.

別の鍋に**B**を入れて火にかける（テンパリング）。マスタードシードが弾けたら、**C**を加えて炒める。

5.

写真のように玉ネギが透き通るまで炒める。

6.

Dを加え、写真のようにじっとりと油が浮くまでさらに炒める。

7.

ひよこ豆を煮汁ごと加えてひと煮立ちさせ、トマトを加えて10分煮る。

8.

香菜を加え、ひよこ豆の一部をマッシャーやお玉などでつぶしてとろみをつける。

9.

ほどよくとろみがついたらできあがり。仕上がり重量の目安は800g～1kg。

いぶし銀メニュー!

ムリガタニースープ

南インドの「ラッサム」が植民地下のインドからイギリスに伝わって変化し、
さらにインドのレストラン料理としても逆輸入されたのがこのムリガタニースープです。
そもそもさまざまなバリエーションのある料理ですが、ここではペースト状になるまで
煮込んだ豆とチキンがスープのベースとなるポタージュ的な仕上がりのものをご紹介。
おだやかな味わいながら、豆の自然なコクとブラックペッパー、ニンニク、香菜が風味の
決め手になるあたりにラッサムの面影がわずかに残っているように感じます。
インド料理だけでなく洋食の献立にもしっくりくる、誰にでも好まれそう、
かつ「とても手が込んでる"風"」のスープです。

材料

ムングダール…100g
水…500g
鶏肉（皮を除く）…100g
ニンニク…8g
A
- **玉ネギ**（1cm角）…100g
- **ニンジン**（1cm角）…100g
- **バター**…20g

B
- **シンプルパウダー**（P.8）…2g
- **S&B赤缶**…2g

トマト水煮缶（あらごし）…60g
塩…6g
ブラックペッパーパウダー…1g
香菜（きざむ）…2g

1.

ムングダールをさっと水洗いして水をきる。

2.

1.を分量の水とともに圧力鍋に入れ、中火にかける。沸騰したらアクをすくう。

3.
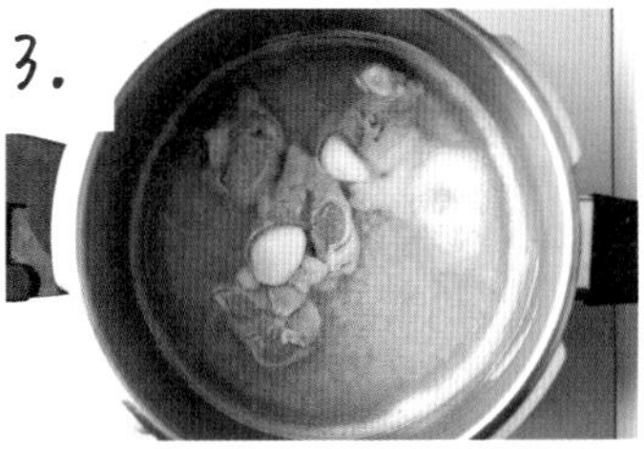
鶏肉と皮をむいたニンニク（丸のまま）を加えてフタをし、圧力がかかったら10分煮る。

4.

火からおろして自然に冷ます。中身が温かいうちにフタを開ける。

5.

温かいうちに豆とニンニクを木ベラや泡立て器などでつぶしてなめらかにしつつ、肉もほどよくほぐす。

6.

別の鍋に**A**を入れて炒める。少量の水（分量外）を加えてフタをし、弱火で蒸し煮する。

7.

野菜に火が通ったら、**B**を加えて炒め、5.を加える。

8.

さらにトマト水煮缶と塩を加え、水（分量外）を適量加えてほどよい濃度に調整して軽く煮込む。

9.

ブラックペッパーと香菜を加え、必要ならば塩を足して味を調える。仕上がり重量の目安は700〜800g。

いぶし銀メニュー！

バンギバス（南インドの茄子ごはん）

南インドにはさまざまな「混ぜご飯」料理がありますが、
このバンギバスはその中でもちょっと手の込んだご馳走混ぜご飯。
とは言え、ベースさえ作っておけばあとは炊いたご飯と混ぜるだけと
失敗のないレシピです。スパイスや香味野菜の風味とタマリンドの酸味、
とろっとした茄子の組み合わせがたまらなく、日本人にとってはなぜか
懐かしさも感じる米料理なのではないでしょうか。
カレーをかけてしまうのはちょっともったいないので、
ぜひそのままでサイドディッシュ的にお召し上がりください。
ヨーグルトをかけて混ぜながら食べるのはオススメです。

材料

A

- **サラダ油**…20g
- **マスタードシード**…2g
- **フェヌグリークシード**…1g

B

- **タカノツメ**（種を抜く）…２本
- **クミンシード**…2g

カレーリーフ…ひとつまみ

C

- **玉ネギ**（ケララ切り・P.12）…50g
- **ニンニク**（粗みじん切り・P.13）…5g
- **ショウガ**（粗みじん切り）…5g

ナス（角切り）…100g

ピーマン（角切り）…50g

D

- **シンプルパウダー**（P.8）…4g
- **コリアンダーパウダー**…4g
- **パプリカパウダー** …3g
- **塩**…5g

タマリンド水（P.87）…50g

- **タマリンド**…5g
- **水**…50g

砂糖…5g

炊いたバスマティライス（P.60）
…300g～400g

1.

フライパンにAを入れて中火にかける（テンパリング）。

2.

マスタードシードが弾け始めたらすかさずBを加え、続けてカレーリーフを加える。

3.

マスタードシードがしっかり弾けたらすぐ、Cを加えて炒める。

4.

油が全体にまわったら、ナスとピーマンを加えてさっと炒め合わせる。

5.

Dを加えてさらに炒める。

6.

スパイスが全体にからまったら、タマリンド水と砂糖を加え混ぜる。

7.

ナスに火が通るまでフタをして弱火で蒸し煮する。

8.

火が通ったらフタを取り、さらに炒めて写真の状態になるまで余分な水分をとばす。このまま食べてもおいしい。

9.

炊いたバスマティライスに8.を加え、よく混ぜる。

スパイス料理にぴったり！
ドリンク
&
スイーツ

食事の時間をじっくり楽しむのに欠かせないのが、
料理の味を引き立てるドリンクと〆のスイーツ！
南インド料理にぴったりのノンアル・ミクソロジードリンクと
ちょっとしたパーティーにもぴったりの
絶品インドスイーツのお手軽レシピをご紹介します。

ノンアルペアリングのススメ

お好みのお飲みものとともにゆっくりとディナーを楽しむのは、何も酒飲みだけの特権ではありません！

ここではスパイス料理にとてもよく合うノンアルコールのミクソロジードリンクを紹介します。保存のきくベースさえつくってしまえば、あとは炭酸などで割るだけ。お手軽に優雅なひとときをお楽しみください！

アルコールドリンクに展開！

お酒が大好きな同志のみなさま、ご安心ください。いずれのノンアルドリンクも、ハードリカーをプラスすればたちまち立派なアルコールドリンクになります。ウオッカやキンミヤ焼酎など、クセのないものがおススメですが、お好みのお酒でお試しいただいても！

1. スパイシージンジャーエールの素30gとタマリンド水（P.87）30gを混ぜてグラスに入れる。
2. 冷やした炭酸水120gを静かに注いでそっと混ぜる。

1. グラスにスパイシージンジャーエールの素30gを入れ、冷やした炭酸水150gをそっと注いで混ぜる。

スパイシージンジャーエールの素(P.111)

ショウガの辛みにさらに唐辛子の辛みもプラス、
そしてそこにホールスパイスの香りもうつした
「大人のジンジャーエール」の素。スパイス料理との
相性は抜群です。冷蔵庫ならまず腐敗することはなく
風味も劣化しないので、まとめてつくっておくと
ノンアル晩酌がはかどります。もちろん焼酎やウォッカ、
ウイスキーなどと合わせてジンジャーハイボールにしても！

1. グラスにソルティレモネードの素30gを入れ、冷やした炭酸水150gをそっと注ぎ入れる。

1. ライム(1/4個分)の果肉に塩をひとつまみすり込む。グラスに絞り入れ、そのまま皮も入れる。
2. 氷を適量入れ、炭酸水を適量注ぐ。

ソルティレモネードの素(P.111)

インドのレモンソーダはなぜか砂糖も塩もたっぷりの
ひたすら甘じょっぱいテイストが人気。ただし日本人的に
それはちょっとキツいので、甘味も塩もほどほどにレモンの酸味と
皮の香りを生かした配合にまとめました。とは言え、
わずかに加わる塩が酸味のカドを取ってくれて絶妙な飲みごたえ。
まるでお酒を飲んでるかのような喉越しとキックがあります。
水割り、お湯割り、もちろんレモンサワーの素としても、
そしてビールで割るのもおすすめです。

インドではレモンだけではなく
ライムソーダにも塩が付きもの。
街角のジューススタンドで気軽に
楽しむことができます。
リクエストすれば砂糖なしでも
つくってくれます。さっぱりとした
味わいがヤミツキに。

1. 無糖ヨーグルト100g、水100g、塩ひとつまみ（0.5g）をすべて混ぜ、グラスに注ぐ。

日本ではラッシーと言えば甘い飲み物ですが、
インドでは、味付けなし、塩味、砂糖入り、
といったバリエーションがあります。
甘いラッシーは濃厚な方がおいしいですが、
塩味のラッシーはあえて水でサラサラに割って
ゴクゴク飲むのが個人的な好みです。

1. ソルティーラッシー（左）にショウガのすりおろし、青唐辛子のみじん切り、香菜のみじん切り、クミンパウダー、ブラックペッパーパウダーをそれぞれひとつまみずつ加えてよく混ぜ、グラスに注ぐ。

ソルティラッシーにハーブやスパイスを加えた、
ちょっと冷製スープのような飲み物がモール。
正確にはラッシーではなく、発酵させた牛乳から
バターとなる油脂を分離した残り（バターミルク）を
使うのですが、ここでは手軽にヨーグルトで。

スパイシー
ジンジャー
エールの素

材料

A

- **ショウガ**（すりおろす）…100g
- **砂糖**…70g
- **ハチミツ**…50g
- **水**…200g
- **シナモンスティック**…2g
- **カルダモンホール**…2g
- **クローブホール**…2粒
- **タカノツメ**（種を抜く）…1本

レモン汁…30g

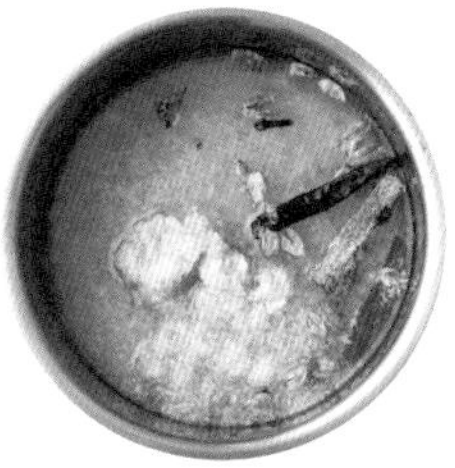

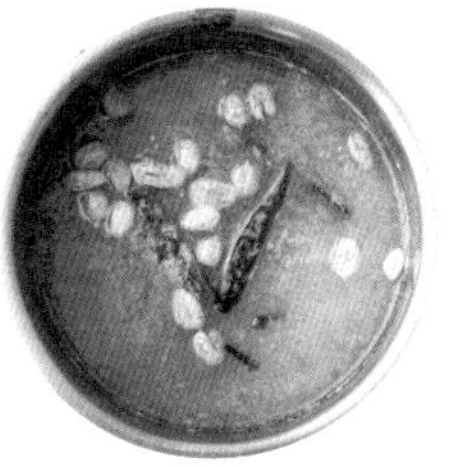

1. 鍋にAを入れて火にかける。
2. 沸騰したら弱火にして5分煮る。
3. 粗熱がとれたらレモン汁を加えてザルで漉し、スプーンの背などでよく絞る。
4. 漉したシロップに、ザルに残ったショウガを少量（10gほど）戻し入れる。

ソルティレモネードの素

材料

A

- **ハチミツ**…60g
- **砂糖**…60g
- **塩**…3g
- **水**…80g

レモン汁…80g

汁を絞った後のレモン（薄切り）…20g

1. 鍋にAを入れて沸騰させ、砂糖を完全に溶かす。
2. 粗熱が取れたら残りの材料を加える。レモンはレモン汁を絞った残りを薄切りにしたものを使う。

ムングダールパヤッサム
バナナクルフィー
マンゴークルフィー

ムングダールパヤッサム

言うなれば「南インドのお汁粉」です。
ケララのご家庭でこのレシピの原型を
教わった時、お母さんは「ひとつまみの
塩加減が決め手」とおっしゃっていて、
そんなところも日本のお汁粉と一緒だなと
びっくりしました。バナナをトッピングする
のはその家の息子さんのお気に入りとのこと。
確かにとてもよく合います。
南インドでは「ジャガリー」という
ブラウンシュガーを使いますが、それにやや
近いきび砂糖を使い、しかもそのうち1割
くらいを黒糖に置きかえるとさらに近い味に。

材料

ムングダール…100g
水…400g
A
- **ココナッツミルク**…100g
- **砂糖**（あればきび砂糖か三温糖）… 100g
- **カルダモンパウダー**…3g
- **塩**… 1g

1　ムングダールはさっと水洗いし、分量の水とともに鍋に入れて火にかける。煮詰まりそうになったら水を適量加え、完全にやわらかくなるまで煮る。

2　Aを加え混ぜる。仕上がり重量の目安は500g。お好みでレーズン、くだいたカシューナッツ、輪切りにしたバナナなどをトッピングする。

バナナクルフィー

クルフィーは、卵を使わずミルクを
たっぷり使ったインド式アイスクリーム。
伝統的な製法では凍らせる前に
ミルクを長時間煮詰めたりナッツや
米粉などでトロミを出したりと、実は
意外と大変なのですが、ここではミルクの
煮詰めは練乳で、とろみはバナナで、
ちょっとずるいアレンジをご紹介します。
カルダモンの風味が決め手です。

材料

A
- **バナナ**…160g
  （皮をむいた状態）
- **練乳**…80g
- **生クリーム**…80g
- **カルダモンパウダー**…2g

きざんだアーモンド
（トッピング用）…適量

マンゴークルフィー

マンゴークルフィーはインドでも
近年になってから生まれた新しいバリエ
ーションですが、今や日本でも
インドデザートの大定番です。
マンゴーと乳製品の相性は間違いなし！
どなたにでも好まれそうな味わいです。

材料

A
- **冷凍マンゴー**…160g
- **練乳**…80g
- **生クリーム**…80g

きざんだカシューナッツとレーズン（トッピング用）…適量

クルフィー 2種のつくり方

1　Aの材料をミキサーやブレンダーでなめらかになるまで混ぜ、プリン型などに入れて凍らせる。

2　型から出して器に盛り、トッピングをのせる。

世界一おせっかいな付録集

―― 後書きにかえて ――

●付録❶インドカレーにおける「素材」と「旨み」

さて皆さま、本書『だいたい１ステップか２ステップ！なのに本格インドカレー』はいかがでしたでしょうか。すでにいくつかのレシピを試された方はきっと、前書きで私が宣言した「インドカレーは簡単だ！」を身をもって実感していただいているのではないかと思います。

そして、その実感の中で気づかれた方も多いかもしれませんが、インド料理は複雑玄妙な味わいに対して実は極めてシンプルな料理体系でもあります。バリエーション自体は無限と言ってもいいものの、ひとつひとつの料理に共通する基本の構成はズバリ「素材＋塩＋スパイス」。つまり、素材そのものが料理の最終的な味わいを決定するということも意味します。

素材の持ち味をストレートに生かすという意味では和食とも通じるものがありますが、大きな違いもあります。和食はこってりとした贅沢な料理もあっさりとした質素な料理も共通して、「ダシ」や、醤油や味噌などの「発酵調味料」の豊富な「旨み」が常にそのおいしさを下支えしています。翻ってインド料理の場合、肉や魚などの旨み潤沢な素材を使えば旨みたっぷりに、そして野菜を中心とする素材がメインなら引き算的な旨みに着地します。

こうして旨みについて考えるときにひとつ重要な点があります。それは、旨みは強ければいいというものではないし、弱いから駄目というわけでもない、ということです。和食とは違ってインド料理の場合は素材の様々な組み合わせにより、旨み強めのものからそうでもないものまで幅広いバリエーションが並ぶということになりますが、その幅の広さは間違いなくインド料理の魅力のひとつであると私は日々痛感しています。

ですが同時に、そういう感覚の持ち主は世の中全体で見るとあくまで少数派であることも確かかもしれません。例えば家でインドカレーをつくって、自分はおいしいと感じたけれど家族からは「いまいち深みやコクがない」とやや不評だった、みたいな経験をされた方も中にはいらっしゃるのではないでしょうか。

個人的にはそんな単純な理由でインド料理が敬遠されてしまうのは、ある意味では仕方がないとも思いつつ、やはりちょっともったいないとも感じています。そこで本書では最後に、簡単に「旨み」を補強する(＝より現代日本人好みの味わいに近づける)実践的な方法をご紹介します。

それがこの「顆粒スープ」を塩の一部と置きかえるテクニック。旨みをダイレクトに補強するものとしては他にも「旨み調味料」や「発酵調味料」などが考えられますが、前者は比較的高度な調理スキルが必要で、後者は「インド料理らしい味わい」を阻害してしまう可能性があるため、最も扱いやすい調味料としてこの顆粒スープ置きかえパターンを推奨します。下記は、さらさらカレー２人分に用いる塩５gを顆粒スープに置きかえる際の換算表です。顆粒スープはコンソメを使うと洋風の、和風だしだと和の風味がつきます。ニュートラルな味わいになるのは鶏ガラスープの素。お好みで選んでください。

すでにインド料理の「沼」にはまりつつあるであろう読者の皆さまが皆さまの周りにいる大切な人々も巻き込んでその幸福な沼に誘うためのこの「手練手管」、ここぞというときにぜひご活用ください！

顆粒スープ換算表

目指す味わい	塩	顆粒スープ
インドカレー本来の端正なおいしさ	5g	なし
ほどよい味わい。お子さまやお年寄りにも食べやすい	4g	2g
食べ盛り男子も大満足のしっかり味	3g	5g
ときにはジャンクに！ラーメン並のインパクト	2g	8g

●付録❸チャート式　帰宅後30分で始められる！かなり本格スパイスディナー

本書には、パパっとつくってパパッと食べられる、そんなレシピが満載です。あっという間につくれて、サクっと短時間で食べられて、洗いものも少ない。そんなカレーは忙しい時の強い味方。でもインド料理はそういうクイックな楽しみ方だけではちょっともったいない！　というわけでここでは「パパッとつくれる」「つくりおきできる」を逆手にとって、短時間で用意できるのにしっかり充実のスパイスディナーフルコースをお家でも楽しむメソッドを、タイムテーブル＆フローチャートとともにご紹介します！

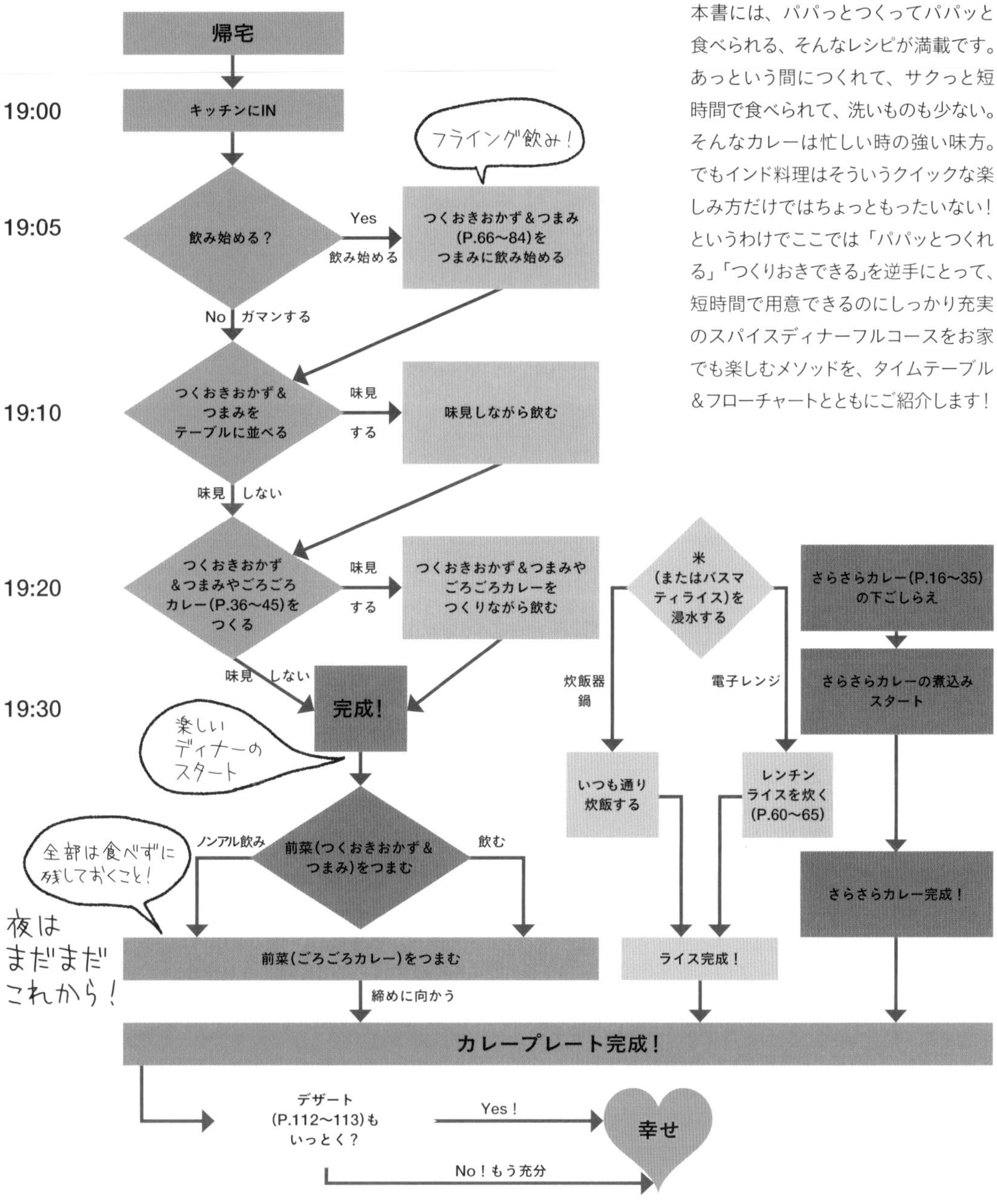

この本にはカレーだけでなく、スパイスを楽しく使った小さな料理もたくさん。どれもやっぱりカレー同様1～2ステップで簡単につくれたり、つくりおきしておいてすぐ食べられるものばかりです。まずはそんな小さな料理を前菜として食卓に並べましょう。僕だったらそれをつまんでビールでも飲みながらメインのカレーづくりに取りかかります。

飲む、と言えばこの本にはご飯に合うだけでなくお酒のおつまみにもなる具だくさんの「ごろごろカレー」もたくさん登場します。どれもそれこそ「野菜炒め」や「豚のしょうが焼き」みたいな炒めもの感覚であっという間に完成するものばかり。それらも食卓に並べましょう。

そしていよいよ主役の「さらさらカレー」。ちょっとした下ごしらえさえ済ませたら煮込んでる間は放置できるので、とりあえずお気に入りの飲みものを片手にテーブルについてください！　僕は引き続きビールを飲みますが、ワインの好きな方はワインでもいいし、別にお酒である必要もないですよね。忙しかった一日の終わり、スパイス香る食卓でほっとひと息つきながら飲むのは最高です。飲む人も飲まない人も、Let's スパイス飲み！　そんな時のための、食事によく合う手づくりノンアルコールドリンクのレシピもしっかり用意してあります（P.108～111）。

ゆったりとスパイス飲みを楽しんでるうちにいつの間にか台所ではさらさらカレーが勝手に完成しています。とりあえずコンロの火だけ切ったらもうしばらく飲み続けるも良し、すぐにご飯とカレーをよそって「締め」になだれ込むも良し。夜はまだこれからです。なんなら、できあがったばかりのさらさらカレーだって、居酒屋の「煮込み」のようにつまみとして立ち上がってきます。

いずれにせよ最後はカレーとご飯です。この本ではご飯は電子レンジで炊いちゃってます。バスマティライスもサフランライスも、果てはビリヤニまで、ジップロックコンテナや丼に生米を始めとする材料を全て仕掛けて、浸水後にチンするだけで完成です。そのご飯とさらさらカレーをお皿に盛っていそいそとテーブルに戻ったら最後の儀式。テーブルに少しずつ残っている前菜やごろごろカレーをメインのお皿に移動します。なんということでしょう！　そこに現れるのはお店顔負けの豪華なワンプレートです！

たまにはこんな夜も良くないですか？！

Profile

稲田俊輔／イナダシュンスケ

鹿児島県にて食道楽の一族出身の父母のもとに生を受ける。京都大学在学中より料理修業と並行して音楽家を志し、最終的にインディーズレーベルからデビューを果たすも、これで食べていける才能はなしと見切りをつける。以後、飲食業に専念し、飲料メーカー勤務を経て、友人とともに株式会社円相フードサービスを設立。業態およびメニューの開発を主に担当し、居酒屋、和食店、割烹、フレンチ、洋食などさまざまなジャンルを手がける。カレーと関わるきっかけは、神奈川県川崎のテイクアウト専門店「エリックカレー」のリニューアルを依頼されたこと。持前の探求心を発揮し、あっという間にインド料理の奥深い沼にハマる。2011年には東京駅八重洲地下街にカウンター席主体の南インド料理店「エリックサウス」を開店。ビジネスランチとカレーマニア双方の需要にこたえる大繁盛店となり、南インド料理とミールスのブームに大きく貢献する。Iwitterのアカウント名は「イナダシュンスケ（@inadashunsuke)」。最近もっともバズったツイートは、鶏胸肉を30分弱火で放置してしっとり焼き上げる「30分チキン」のレシピ。食マニアでありながら大手チェーンの動向にも造詣が深く、2019年にはサイゼリヤをはじめとする飲食チェーンを経営者かつ変態料理人の視点から熱く語った『人気飲食チェーンの本当のスゴさがわかる本』（扶桑社新書）を上梓。食全般への愛に満ちた深い洞察に多くのファンを持つ。

エリックサウス 八重洲店
東京都中央区八重洲2-1 八重洲地下街４号
（八重洲地下２番通り）
03-3527-9584

エリックサウスマサラダイナー 神宮前
東京都渋谷区神宮前6-19-17 GEMS神宮前５F
03-5962-7888

エリックサウス 高円寺カレー＆ビリヤニセンター
東京都杉並区高円寺南4-49-1
03-5356-8803

エリックサウス 東京ガーデンテラス店
東京都千代田区紀尾井町1-3
東京ガーデンテラス紀尾井町２F
03-6272-5529

エリックサウス 虎ノ門ヒルズ店
東京都港区虎ノ門1-17-1
虎ノ門ヒルズ ビジネスタワー B1F
03-6811-2330

エリックサウス 西天満店
大阪府大阪市北区西天満4-1-9 ニュー若松ビル１F
06-6585-0408

エリックサウス KITTE名古屋店
愛知県名古屋市中村区名駅1-1-1 KITTE名古屋B１F
052-433-1780

エリックサウス 岐阜AG店
岐阜県岐阜市橋本町1-10-1 アクティブG 2F
058-269-4121

ウェブ通販
www.erickcurry.jp

だいたい１ステップか２ステップ！
なのに本格インドカレー

初版発行　2021年３月１日
３版発行　2022年９月10日

著者©　稲田俊輔

発行者　丸山兼一
発行所　株式会社 柴田書店
東京都文京区湯島3-26-9　イヤサカビル　〒113-8477
電話　営業部　03-5816-8282（注文・問合せ）
書籍編集部　03-5816-8260
URL　https://www.shibatashoten.co.jp

印刷・製本　シナノ書籍印刷株式会社

ISBN 978-4-388-06333-8
Printod in Japan